4

A **KINGDOM**
ESTABLISHED

KB200017

왕국의 성립

The Gospel Project for Kids

is published quarterly by LifeWay Christian Resources,
One LifeWay Plaza, Nashville, TN 37234, Thom S. Rainer, President
© 2016 LifeWay Christian Resources
Translated and used by permission of LifeWay Christian Resources

This Korean translation edition © 2017 by Duranno Ministry,
38, Seobinggo-ro 65-gil, Yongsan-gu, Seoul, Republic of Korea
Published by arrangement with LifeWay Christian Resources

가스펠 프로젝트

구약 **4**

왕국의 성립

저학년 교사용

지은이 · LifeWay Kids
옮긴이 · 권혜신
감수 · 김도일, 김병훈, 이희성

초판 발행 · 2017. 8. 8
2판 1쇄 발행 · 2023. 9. 11
등록번호 · 제1988-000080호
등록된 곳 · 서울특별시 용산구 서빙고로65길 38
발행처 · 사단법인 두란노서원
영업부 · 02) 2078-3352, 3452, 3781, 3752 FAX 080-749-3705
편집부 · 02) 2078-3437
표지디자인 · 더그램
활동연구 · 김찬숙, 박현진, 이경선, 이다솔, 한승우, 홍선아

책값은 뒤표지에 있습니다.
ISBN 978-89-531-4550-4 04230 / 978-89-531-4542-9 (세트)

홈페이지 · gospelproject.co.kr / 두란노몰 · mall.duranno.com

차례

이렇게 활용해 보세요!

① 단원 개요 · 각 과의 목표

- '가스펠 프로젝트'(하나님의 구원 계획)의 연대기적 큰 흐름 속에서 각 단원과 각 과의 주제를 살펴봅니다.

카운트다운 단원별로 제공되는 3분 카운트다운 영상(지도자용 팩)으로, 장소를 옮기거나 시간을 구분 짓는 방법으로 활용할 수 있습니다.

무대 배경 단원별 설교의 도입(들어가기)에서 공통적으로 활용할 수 있는 무대 데코 아이디어로, 배경 이미지(지도자용 팩)를 화면에 띄워 사용할 수 있습니다.

단원 암송 단원의 핵심 메시지가 담긴 성경 구절입니다.

성경의 초점 본문과 관련된 성경의 중심 주제(핵심 교리)를 문답 형식으로 정리한 문장입니다. 단원의 성경의 초점을 익히며 성경의 흐름을 이해하게 합니다.

주제 각 과의 핵심 줄거리를 파악할 수 있습니다.

가스펠 링크 성경 이야기에 담긴 복음을 발견하게 합니다. 모든 성경 이야기는 그리스도와 연결됩니다.

본문 속으로 이 과를 준비하며 묵상할 내용과 티칭 포인트를 제시합니다. 청장년용 《가스펠 프로젝트》로 교사 소그룹 모임에서 더 깊은 묵상을 나누며 성경 읽기를 병행할 것을 권유합니다. 부모 소그룹 모임은 교회와 가정을 연계해 교육 효과를 더욱 높여 줄 것입니다.

② 말씀 묵상

- 말씀을 묵상하며 어떻게 가르칠 것인가를 기도로 준비합니다.

이야기 성경 '가스펠 설교'에서 사용하는 구어체 설교입니다. 같은 내용의 영상이 지도자용 팩에 있습니다.

③ 가스펠 준비

- 사전 활동을 살펴봅니다.

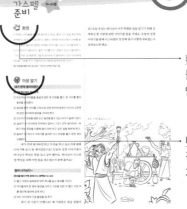

환영 아이들을 맞이하며 나눌 수 있는 대화의 소재를 제안합니다.

마음 열기 이 과의 주제와 연결된 간단한 게임 활동을 소개합니다.

4

④ 가스펠 설교

● 도입 - 전개 - 가스펠 링크 - 복음 초청 - 적용에 이르는 설교 가이드입니다.

들어가기 도입 아이디어를 소개합니다.

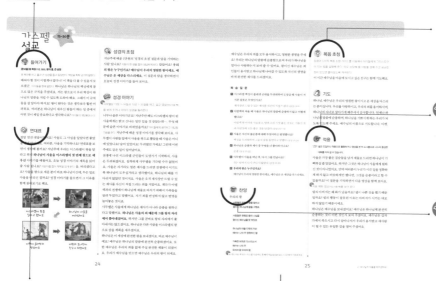

복음 초청 매주 복음을 전하고 영접 기도를 이끌 수 있는 초청 대화를 담았습니다.

적용 에피소드를 담은 영상과 질문이 담겨 있습니다. 설교 도입이나 적용 부분에서 활용하거나 영상을 본 뒤 소그룹에서 풍성한 대화를 이어 가는 방법도 추천합니다.

찬양 단원 주제를 담은 찬양, 악보, 율동을 지도자용 팩, 가스펠 프로젝트 홈페이지(gospelproject.co.kr)에서 만날 수 있습니다.

연대표 '가스펠 프로젝트'(하나님의 구원 계획)의 큰 흐름 속에서 이 과의 위치를 파악해 봅니다.

가스펠 소그룹 ⑤

● 예배 후 소그룹 모임에서 배운 내용을 되새길 수 있는 다양한 활동을 소개합니다.

보물 상자 성경의 메시지와 자신의 삶을 연결해 보고, 하나님과 일대일 대화를 나누듯 마음을 고백하는 마무리 활동입니다.

나침반 재미있는 게임 활동으로 단원 암송을 익히게 합니다. 부록의 단원 암송 페이지와 지도자용 팩의 PPT를 활용할 수 있습니다.

보물 지도 퀴즈와 게임을 통해 성경 이야기를 복습하는 활동입니다.

탐험하기 성경 이야기의 의미를 묵상하며 주제, 가스펠 링크, 성경의 초점 등을 되새기는 확장 활동입니다.

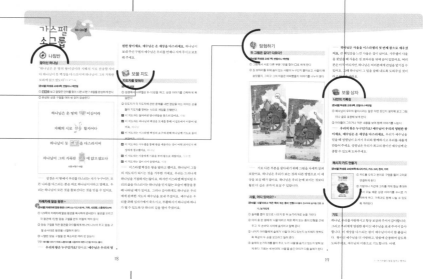

메시지 카드 각 과의 핵심 내용과 가족과 함께하는 활동을 담았습니다.

* 지도자용 팩의 PC 전용 DVD-Rom에 영상, 그림, 음원, 악보, PPT 등의 자료가 있습니다.

발간사

두란노서원을 통해 라이프웨이(LifeWay)의 《가스펠 프로젝트》 성경 공부 교재 시리즈를 발간할 수 있도록 인도하신 하나님께 감사드립니다. 험한 소리로 가득한 세상에 이 책을 디딤돌처럼 놓습니다. 우리 삶은 말씀을 만난 소리로 풍성해져야 합니다. 주님을 만난 기쁨의 소리, 진실 앞에서 탄식하는 소리, 죄를 씻는 울음소리, 소망을 품은 기도 소리로 가득해야 합니다.

《가스펠 프로젝트》는 신구약을 관통하는 예수 그리스도의 복음을 발견하고, 그 가르침을 삶에 적용하는 지혜를 얻도록 기획한 성경 공부 교재입니다. 어린아이부터 어른에 이르기까지 생애 주기에 따른 복음 메시지를 잘 배울 수 있습니다. 또한, 거짓 진리가 미혹하는 이 시대에 건강한 신학과 바른 교리로 말씀을 조명하여 성도의 신앙이 좌로나 우로나 치우치지 않도록 돕습니다.

두란노서원은 지금까지 "오직 성경, 복음 중심, 초교파적 관점"을 바탕으로 한국 교회와 성도를 꾸준히 섬겨 왔습니다. 오직 성경의 정신에 입각해 책과 잡지를 출판해 왔으며, 성경에 근거한 복음 중심의 신학을 포기한 적이 없습니다. 그리고 교단과 교파를 초월하여 교회와 성도가 하나님 나라를 바라볼 수 있도록 돕기 위해 노력해 왔습니다. 《가스펠 프로젝트》는 두란노가 지켜 온 세 가지 가치를 충실하게 담은 책입니다.

성경은 구원을 위한 책이며, 구원사의 주인공은 예수 그리스도입니다. 창세기부터 요한계시록까지 오직 예수 그리스도의 복음만을 전하는 《가스펠 프로젝트》 성경 공부 교재를 통해 복음의 은혜와 진리를 깊이 경험하고, 복음 중심의 삶이 마음 판에 새겨지기를 바랍니다. 그리고 예수 그리스도 복음에 굳게 선 한 사람의 영향력이 가정과 교회와 사회에 흘러감으로써 거룩한 하나님 나라가 확산되어 가기를 소망합니다.

두란노서원 원장 이 형 기

감수사

✝ 《가스펠 프로젝트》는 어린이와 청소년 성경 공부를 위한 좋은 교재입니다. 그들이 이해할 수 있는 언어로 성경을 자세히 알 수 있도록 도와주고 있기 때문입니다. 어린이와 청소년의 발달심리에 익숙한 전문가들을 포함해 많은 사람이 참여해 애쓴 흔적이 보입니다.

《가스펠 프로젝트》는 인류를 향한 하나님의 구원 계획인 복음을 다음과 같은 과정으로 설명합니다. "첫째, 하나님은 다스리신다. 둘째, 우리는 죄를 범했다. 셋째, 그러나 하나님은 공급하신다. 넷째, 하나님의 아들 예수 그리스도께서는 우리에게 영생을 주시고 우리를 초청하신다. 다섯째, 우리는 예수님의 초청에 응답해야 한다." 이와 같이 《가스펠 프로젝트》는 복음을 주시는 하나님의 계획에 사람이 어떻게 반응해야 하는지를 간단하게, 그리고 핵심을 놓치지 않고 잘 설명합니다. 그러므로 《가스펠 프로젝트》에 참여하는 교사와 학생은 하나님의 주권과 언약, 신실하심과 사랑을 배우고 깊이 느낄 수 있을 것입니다. 성령의 인도하심에 순종하는 것이 얼마나 복된지 몸소 체험할 수 있을 것입니다.

그때, 그곳에서, 그들에게 주어졌던 하나님의 말씀을 지금, 여기에서, 우리에게 주어지는 하나님의 말씀으로 받아들이고 해석하려면 해석학적 간격(hermeneutical gap)이 존재한다는 점을 유념하고, 말씀을 적절하게 해석해 적용해야 합니다. 하나님의 말씀은 성령의 조명을 받아 학문이 없는 사람도 그 핵심적인 메시지를 이해할 수 있지만, 모든 성경을 자의적으로 해석하는 우를 범해서는 안 됩니다. 《가스펠 프로젝트》는 이러한 해석상의 오류를 최소한도로 줄여 줄 수 있다고 봅니다. 가능하면 말씀에 담긴 메시지를 전달하려고 노력했기 때문입니다. 이런 점에서 《가스펠 프로젝트》는 하나님의 마음을 더 깊이 이해하기 위한 기본적인 성경 지식을 제공해 주고, 말씀의 깊은 샘으로 들어가 맛있는 물을 마실 수 있도록 돕는 좋은 통로입니다.

《가스펠 프로젝트》로 성경을 공부하게 되면 성경 말씀을 사랑하게 될 것입니다. 어린이들과 청소년들도 '말씀이 참 재미있고 유익하구나'라고 느끼게 될 것입니다. 레너드 스윗이 말한 것처럼, 미래 세대는 경험적, 참여적, 이미지 중심적, 연결적(EPIC) 사역을 통해 말씀 속으로 자발적으로 들어와야 거룩한 하나님의 백성이 될 수 있기 때문입니다.

모쪼록 《가스펠 프로젝트》를 통해 모든 세대가 하나님을 더 넓고 깊게 알아 가며, 성령의 도우심 가운데 예수님의 튼실한 제자로 성장하기를 원합니다. 아울러 세상 속에서 하나님 나라를 확장시켜 나가는 하나님의 백성이 되는 기초를 체계적으로 다질 수 있기를 바랍니다. 《가스펠 프로젝트》는 오직 믿음, 오직 성경, 오직 은혜, 오직 그리스도를 통해 하나님께 영광 돌리는 데 큰 도움이 될 것입니다.

김도일 _ 장로회신학대학교, 기독교교육학 교수

✝ 《가스펠 프로젝트》는 무엇보다도 전통적으로 교회가 풀어 온 흐름을 충실히 따라 성경을 해설하고 있습니다. 그리고 그 방향은 궁극적으로 예수 그리스도를 향해 나아가고 있습니다. 이것은 예수님이 구약과 신약의 모든 성경이 자신을 가리키고 있다고 하신 말씀에 비추어 매우 타당한 것입니다. 게다가 그리스도 중심적 해설을 무리하게 전개하지 않습니다. 각 본문에서 하나님의 구원 언약과 그것을 실현하시는 하나님을 드러내면서, 그리스도의 예표적 설명이 가능한 사건을 놓치지 않고 풀어내고 있습니다.

성경 공부 교재는 명시적으로 혹은 암시적으로 제시하

는 교리적 진술이 교리 체계상 건전해야 합니다. 《가스펠 프로젝트》는 99개 조에 이르는 핵심 교리들을 일목요연하게 제시하여 교리의 건전성을 확인할 수 있도록 도움을 줍니다. 《가스펠 프로젝트》의 교리는 교파를 막론하고, 예수 그리스도의 복음에 충실한 복음주의 교회들에게 환영받을 만합니다. 물론 교파마다 약간의 이견을 갖는 부분들이 있을 수 있겠지만, 각 교회에서 교재를 활용하는 데에 무리가 없을 것입니다. 《가스펠 프로젝트》의 특징은 각 과에서 학습한 내용을 핵심 교리와 연결해 주며, 그 결과 그리스도의 복음에 관련한 교리적 이해를 강화시킨다는 데에 있습니다.

끝으로 《가스펠 프로젝트》는 어떤 성경 주해서나 교리 학습서가 갖지 못하는 훌륭한 장점을 가지고 있습니다. 그것은 학습자를 하나님과 그리스도의 복음 앞으로 이끌며, 자신의 신앙과 삶을 돌아보도록 하는 적용의 적실성과 훈련의 효과입니다. 아울러 본문과 관련한 교회사적으로 또 주석적으로 중요한 신학자와 목사의 어록을 제시하고, 심화 토론을 위한 질문을 달아 주고, 선교적 안목을 열어 주는 적용 질문들을 더해 준 것은 《가스펠 프로젝트》에서 얻을 수 있는 커다란 유익입니다.

추천할 만한 마땅한 성경 공부 교재를 찾기가 쉽지 않은 현실에서 《가스펠 프로젝트》는 성경을 개괄적으로 매주 한 과씩 3년의 기간 동안 일목요연하게, 그리고 그리스도 중심적으로 공부하도록 이끌어 준다는 점에서, 한국 교회의 기초를 성경 위에 놓는 일에 커다란 공헌을 할 것으로 믿어 의심치 않습니다.

김병훈 _ 합동신학대학원대학교 조직신학 교수

✝ "보라 날이 이를지라 내가 기근을 땅에 보내리니 양식이 없어 주림이 아니며 물이 없어 갈함이 아니요 여호와의 말씀을 듣지 못한 기갈이라"(암 8:11). 주전 8세기 아모스 선지자의 외침이 오늘 이 시대에 다시 메아리쳐 오고 있습니다. 두란노의 《가스펠 프로젝트》는 성도들이 겪고 있는 영적인 갈증과 혼란을 해소해 줄 수 있는 유익한 성경 공부 교재입니다.

첫째, 《가스펠 프로젝트》는 성경 전체 흐름과 문맥에 따라 구성되어 성경의 큰 그림을 볼 수 있도록 도와줍니다. 또 성경 각 본문의 의미를 깊이 이해할 수 있도록 해당 분야의 전문 성경 신학자들의 주석적 견해를 잘 소개하고 있습니다. 둘째, 본문 연구와 함께 관련 핵심 교리들을 적절하게 소개하여 성경과 교리를 연결할 수 있습니다. 또 모든 과에서 그리스도와의 연결점을 찾아 제시함으로써 구약 본문을 통해서도 복음을 깨달을 수 있습니다. 성경 공부 전 과정을 마치면 성도들이 복음에 대한 견고한 믿음을 가지게 될 것입니다. 셋째, 성경 공부 적용의 초점을 선교에 맞추어 성도들이 삶의 현장에서 복음의 증인으로서의 사명을 감당할 수 있게 도와줍니다. 마지막으로 주일학교에서 장년에 이르기까지 동일한 주제와 본문으로 성경을 공부하도록 구성하였기 때문에 모든 교인이 한 말씀 안에서 한 믿음의 공동체를 이루며 성숙해 가는 영적 부흥을 경험하게 될 것입니다.

두란노의 《가스펠 프로젝트》를 통해 말씀이 갈급한 기근의 시대에 영적 해갈의 기쁨을 경험하시기 바랍니다.

이희성 _ 총신대학교 신학대학원 구약학 교수

추천사

우리를 향한 하나님의 멈추지 않는 사랑, 아들을 내어 주신 아버지 하나님의 놀라운 구원 계획에 눈뜨게 하는 교재입니다. 성경을 꿰뚫는 변함없는 메시지, 예수 그리스도를 만날 수 있는 교재입니다. 유익한 활동과 흥미로운 반복 학습을 통해 기독교 핵심 주제를 접하고, 말씀을 가까이 하며, 가족과 묵상을 나누도록 이끄는 방식에 기대가 큽니다. 다양한 소재의 영상과 그림 자료는 시청각 자료가 부족한 교육 현장에 큰 활력을 불어넣어 줄 것입니다. 교재 내용에 맞게 창작된 찬양은 곡조가 있는 산 기도를 체험하게 도와줄 것입니다. 무미건조한 습관적 예배, 아이들과 소통하지 못해 안타까워했던 부모와 교사, 다음 세대를 걱정하는 교회 지도자들에게 이 교재를 추천합니다.

김요셉 _ 중앙기독학교 교목, 원천침례교회 목사

우리 시대의 전 세계적 교회 부흥은 두 가지 샘을 갖고 있습니다. 한 샘은 오순절 부흥 운동의 샘입니다. 이 샘으로 많은 시대의 목마른 영혼들이 목마름을 해갈했습니다. 또 하나의 샘은 성경 연구의 샘입니다. 남침례교 주일학교 운동은 이 샘의 개척자입니다. 이 샘으로 지금도 많은 성도가 목마름을 해갈하고 있습니다. 미국 남침례교 라이프웨이 출판사는 성경 연구를 돕는 사역을 충실히 감당해 왔습니다. 《가스펠 프로젝트》는 목마른 영혼들의 필요를 공급하는 원천이 될 것입니다. 《가스펠 프로젝트》는 쉬우면서도 결코 피상적이지 않습니다. 믿음의 단계를 따라 하나님의 자녀들에게 꼭 필요한 복음의 진수를 맛보게 해 줄 것입니다.

이동원 _ 지구촌교회 원로 목사, 지구촌 미니스트리 네트워크 대표

성경을 공부한다는 것은 성경에 기록된 사실을 배우는 것이 아니라 성경이 가르치는 교리를 배우는 것입니다. 왜냐하면 성경은 독자에게 어떤 새로운 정보를 주기 위해 인간이 쓴 책이 아니라 죄인인 인간에게 구원을 주기 위해 하나님이 쓰신 말씀이기 때문입니다. 그런데 이 구원의 도리인 교리를 성경 본문을 통해 배우기가 쉽지 않기 때문에 좋은 안내서가 필요합니다. 이번에 출간된 《가스펠 프로젝트》는 이와 같은 역할을 탁월하게 수행하고 있기 때문에 기쁜 마음으로 추천합니다.

이성호 _ 고려신학대학원 역사 신학 교수

성경은 예수 그리스도를 중심으로 하는 하나님의 구원 이야기입니다. 《가스펠 프로젝트》는 성경이 어떻게 그리스도와 연결되어 있는지, 또 성도의 삶이 하나님의 구원 계획에 어떻게 연결되어야 하는지를 구체적으로 제시합니다. 특히 《가스펠 프로젝트》는 하나의 본문으로 각 연령에 맞게 구성한 교재를 제공해 하나의 본문으로 전 세대를 연결하고, 가정과 교회를 하나 되게 합니다. 신앙의 전수가 중요한 시대에 성도와 교회와 가정이 한마음으로 다음 세대를 준비시키기에 적합합니다. 특히 가정에서 부모가 자녀와 말씀으로 대화를 나눌 수 있게 해 자녀의 신앙 교육에 도움이 될 것입니다.

이재훈 _ 온누리교회 담임 목사

예수님은 친히 요한복음 5장 39절에서, 모든 성경은 예수님 자신에 대한 증거라고 말씀하셨습니다. 그럼에도 불구하고, 성도들은 그 속에서 예수님이라는 보석을 쉽게 찾아 내지 못하고 있습니다. 《가스펠 프로젝트》는 신앙 생활을 출발하는 어린이부터 장년까지 이런 눈을 활짝 열어 주는 놀라운 교재입니다. 요람에서부터 무덤까지 각 연령대에 맞게 구성된 《가스펠 프로젝트》 성경 공부 교재를 통해, 한국 교회와 이민 교회가 잃어버린 예수님을 다시 발견함으로 견고하게 되기를 바랍니다.

최병락 _ 강남중앙침례교회 담임 목사

1^{단원} 왕이신 하나님

이스라엘 백성은 진정한 왕이신 하나님을 버리고 다른 나라들처럼 세상의 왕을 세워 달라고 요구했습니다. 하나님은 이스라엘의 첫 번째 왕 사울을 버리고 다윗을 왕으로 세우셨습니다. 다윗의 자손을 통하여 하나님은 구세주 예수 그리스도를 우리에게 마지막 왕으로 보내셨습니다. 예수님은 세상에 평화와 구원을 가져다줄 완벽한 왕이십니다.

이스라엘이 왕을
달라고 했어요

하나님이
사울을
버리셨어요

다윗이 골리앗과
맞섰어요

The Gospel Project

다윗과 요나단이
친구가 되었어요

하나님이
다윗과
언약을 맺으셨어요

다윗이
하나님께
죄를 지었어요

카운트다운 – 성에 가면

카운트다운 영상(지도자용 팩)을 틀고 예배 준비 자세를 취하도록 격려한다. 예배가 시작되는 시간에 영상이 끝나도록 맞추어 놓는다. 영상이 끝나기 30초 전에 예배 인도자는 정해진 위치에 서서 조용히 기도하는 모범을 보인다.

무대 배경 – 왕좌

한가운데에 화려하게 꾸며진 의자를 놓는다. 빨강, 자주, 에메랄드 색이나 금속성을 띠는 색과 같이 왕실을 상징하는 색으로 장식한다. 화면에 왕좌 배경 이미지(지도자용 팩)를 띄운다.

1 이스라엘이 왕을 달라고 했어요

삼상 8~10장

본문 속으로

이스라엘의 사사로 일생을 바친 사무엘은 이제 나이가 들어 늙었습니다. 사무엘은 자신의 두 아들 요엘과 아비야를 사사로 세웠지만, 많은 아들이 그렇듯 그들은 아버지처럼 살지 않았습니다. 사무엘의 아들들은 부당한 이득을 따라 뇌물을 받고 옳지 않은 판결을 내렸습니다. 그들은 하나님을 거역했으며 이스라엘에 많은 문제를 일으켰습니다.

그전까지 이스라엘은 하나님이 그들을 인도할 사사를 보내 주실 것이라고 믿었습니다. 그러나 이제 이스라엘의 장로들이 사무엘을 찾아와 그의 아들들의 잘못을 지적하며 왕을 세워 달라고 요구했습니다. 그들은 주변 모든 나라에 왕이 있다는 사실을 강조했습니다. 그들의 요구에 마음이 언짢았던 사무엘은 이 일을 두고 하나님께 기도했습니다.

하나님이 이렇게 대답하셨습니다. "백성이 네게 한 말을 다 들으라 이는 그들이 너를 버림이 아니요 나를 버려 자기들의 왕이 되지 못하게 함이니라"(삼상 8:7). 하나님은 이스라엘이 이집트의 노예 생활에서 구원받은 이후 하나님을 버리고 다른 신들을 섬기는 일을 반복해 왔다는 사실에 주목하셨습니다. 그리고 하나님은 이스라엘에 왕을 세우면 어떤 일들이 벌어질지 분명하게 경고하라고 사무엘에게 말씀하셨습니다.

사무엘은 이스라엘 백성에게 왕이 어떤 권한을 갖게 될지 설명해 주었습니다. 훗날 그들이 왕을 요구한 것을 후회하게 될지라도 하나님이 그들을 돕지 않으실 것이라고 경고했습니다. 그런데도 백성은 여전히 왕을 원했고, 하나님은 사무엘에게 왕을 세우라고 말씀하셨습니다.

일련의 사건을 거쳐 사울이라는 젊은이가 사무엘을 찾아왔습니다. 하나님은 그를 이스라엘의 왕으로 정하셨고, 사무엘은 그런 하나님의 계획을 사울에게 알려 주었습니다. 사무엘은 사울의 머리에 기름을 부었습니다. 이후 사무엘은 백성을 미스바로 불러 여호와 앞에 모았습니다. 그는 그들에게 하나님의 말씀을 전한 후 모든 지파 사이에서 사울을 뽑아 하나님이 그를 이스라엘의 왕으로 세우셨다고 말했습니다. 그러자 백성은 "우리 왕 만세!"라고 외치며 기뻐했습니다.

주 제

하나님이 사울을 이스라엘의 첫 번째 왕으로 세우셨어요.

가스펠 링크

하나님은 예수님을 보내셔서 온 세상을 다스리게 할 계획을 갖고 계셨어요. 예수님은 이 세상에 평화와 구원을 가져다줄 완벽한 왕이세요.

● ● 티칭 포인트

하나님은 이스라엘이 왕을 세우고 싶어 할 것을 알고 계셨습니다. 그런데 이스라엘은 그들에게 진정으로 필요한 왕을 원하지 않았습니다. 이웃나라 왕 같은 세상의 왕을 원했습니다. 아이들에게 모든 인간의 왕은 결국 실망스러울 수밖에 없다는 점을 이해시켜 주십시오. 하나님은 이스라엘 백성에게 완전한 하나님이시며 완전한 인간이신 예수님을 선물로 주실 계획을 갖고 계셨다는 것도 알려 주십시오. 예수님은 정의와 공평으로 영원히 다스리시는 완벽한 왕이십니다(사 9:6~7).

이스라엘이 왕을 달라고 했어요 삼상 8~10장

사무엘은 이스라엘의 사사였어요. 그리고 그에게는 요엘과 아비야라는 두 아들이 있었지요. 나이가 들어 늙은 사무엘은 그들을 이스라엘의 사사로 세웠어요. 하지만 요엘과 아비야는 사무엘처럼 좋은 사사가 아니었어요. 그들은 공정하지도 않았고, 정직하지도 않았어요.

이스라엘의 장로들이 사무엘을 찾아가서 말했어요. "이제 당신은 늙었고 당신 아들들은 당신이 행한 길을 가고 있지 않습니다. 그러니 왕을 세워 다른 모든 나라처럼 왕이 우리를 다스리게 해 주십시오."

이스라엘 백성의 요구에 마음이 상한 사무엘은 하나님께 기도했어요. 하나님은 "그들이 너를 버린 것이 아니라 나를 버려 내가 그들의 왕인 것을 거부하는 것이다. 그러니 그들의 말을 들어주어라. 그러나 그들에게 엄중하게 경고해 왕에게 어떤 권한이 있는지 알게 해 주어라"라고 말씀하셨어요.

사무엘은 이스라엘 백성에게 왕이 가지는 권한들을 설명해 주었어요. "왕은 여러분의 아들들을 데려가 군인으로 삼을 것이고, 여러분의 딸들을 데려가 일을 시킬 것입니다. 그뿐만 아니라 왕은 여러분의 땅과 종을 빼앗을 것입니다." 사무엘은 훗날 그들이 왕을 달라고 했던 것을 후회하게 될 것이라고 경고했지만, 이스라엘 백성은 귀담아듣지 않았어요. 그들은 그저 "그래도 우리는 왕을 원합니다"라고 말할 뿐이었어요.

한편 기스라는 이름의 한 부자가 잃어버린 암나귀들을 찾고 있었어요. 기스는 자기 아들 사울에게 종을 데리고 가서 암나귀들을 찾아오라고 말했어요. 사울은 이곳저곳을 찾아다녔지만 나귀들을 발견하지 못했어요. 그만 포기하고 집으로 돌아가려고 할 때, 그의 종이 말했어요. "이 성읍에 아주 존경받는 하나님의 사람이 있다고 합니다. 그곳에 가 보시지요. 혹시 그분이 우리가 어떻게 해야 할지 가르쳐 주실지도 모릅니다." 사울과 종은 하나님의 사람을 찾아 성안으로 들어갔고, 사무엘을 만났어요. 사무엘은 "당신이 잃어버린 나귀들은 걱정하지 마십시오. 이미 다 찾아 놓았습니다"라고 말했어요. 그러고는 그들을 저녁 식사에 초대했어요.

다음 날 아침, 사무엘은 사울에게 "하나님께서 당신을 지도자로 삼으셨소"라고 말했어요. 사울은 깜짝 놀랐어요. 왜냐하면 자신은 이스라엘에서 가장 작은 지파인 베냐민 지파에 속한 사람이었기 때문이에요. 사무엘은 사울의 머리에 기름을 부은 후 사울을 집으로 돌려보냈어요. 하나님의 영이 사울과 함께하셨어요.

얼마 후, 사무엘은 이스라엘 백성을 불러 모아 사울을 새 왕으로 뽑았어요. 하지만 사울은 보이지 않았어요. 하나님은 "사울은 짐짝 사이에 숨어 있다"라고 말씀하셨어요. 백성은 달려가 사울을 데려왔고, 사울은 사람들 사이에 섰어요. 사무엘은 하나님이 그를 이스라엘의 왕으로 세우셨다고 말했어요. 이스라엘 백성은 "우리 왕 만세!"를 외치며 기뻐했어요.

● ● 가스펠 링크

이스라엘은 하나님이 친히 다스리시는 하나님의 백성이었지만 그들은 하나님의 다스리심을 온전히 신뢰하지 않았어요. 그래서 하나님은 그들이 바라는 대로 사울을 왕으로 세우셨어요. 그러나 하나님은 언젠가 *독생자 예수님을 보내셔서 온 세상을 다스리게 할 계획을 갖고 계셨어요. 예수님은 이 세상에 평화와 구원을 가져다줄 완벽한 왕이세요.

*독생자 : 외아들

가스펠 준비 10~20분

환영

도착하는 아이들을 반갑게 맞이하고 헌금, 출석, QT 등을 확인하며 격려한다. 새 친구가 있다면 소개한다. 편안한 분위기에서 안부를 물으며 오늘의 말씀과 관련된 화제로 이야기를 나눈다. 아이들에게 리더가 무엇인지 물어보고, 좋은 리더를 만난 경험이 있는지 물어본다. 그리고 어떤 점 때문에 그렇게 생각하는지 물어본다. 모든 아이에게 대답할 기회를 준다. 자발적으로 대화에 참여하도록 이끈다.

예) "반장을 해본 적이 있나요?", "리더가 무엇인가요?" 등.

마음 열기

내가 만약 왕이라면? *

[준비물] 종이 왕관, 찬양 한 곡

① 인도자는 아이들을 둥글게 앉힌 후 찬양을 틀고, 한 아이를 뽑아 왕관을 건네준다.

② 왕관을 받은 아이를 시작으로 찬양 박자에 맞추어 자신의 오른쪽에 앉은 아이에게 왕관을 건네게 한다.

③ 인도자가 찬양을 멈춘 순간 왕관을 들고 있는 아이가 술래가 된다.

④ 술래가 된 아이에게 자리에서 일어나 "내가 만약 왕이라면 ~하겠다"라는 문장을 이용해 왕이 되면 하고 싶은 일을 말하게 한다.

⑤ 술래가 된 아이가 이야기를 끝내면 다시 찬양을 틀고 ②번 부터 진행한다.

── 내가 만약 왕이라면 하고 무엇을 하고 싶은지에 대해 이야기해 보니 참 재미있었지요? 오늘의 성경 이야기에서 하나님의 백성은 왕을 갖고 싶어 했어요. 하나님이 이스라엘 백성을 위해 어떤 왕을 세우셨는지 함께 볼까요?

왕이 나가신다 *

[준비물] 빨간 카펫, 왕좌(의자), 왕복장(가운, 왕관)

① 빨간 카펫의 끝부분에 의자 하나를 놓고 왕좌를 꾸민다.

② 아이들에게 한 명씩 왕관을 씌우고 가운을 입힌 뒤 빨간 카펫 위를 행진해 왕좌에 앉게 한다.

③ 모든 아이에게 기념 촬영을 해 준다.

── 왕이 된 기분이 어땠나요? 왜 사람들은 왕을 원할까요? 오늘 우리는 하나님이 아주 특별한 일을 맡기기 위해 선택하신 한 사람에 관한 이야기를 들을 거예요. 오늘의 성경 이야기를 통해 이스라엘의 첫 번째 왕이 어떻게 세워졌는지 살펴보도록 해요.

★는 선택 활동입니다.

가스펠 설교

15~30분

 ## 들어가기

[준비물] 왕 복장(가운, 왕관), 왕의 홀

왕 복장을 하고, 홀을 들고 등장한다.

어서 오너라, 나의 충직한 신하들아! 오늘 이렇게 한자리에 모여 너희의 왕인 나에게 지혜로운 말을 듣고자 하니 참 기쁘구나. 왕 같은 자세를 취한 뒤 아이들의 반응을 기다린다. 알았어요, 알았어요. 저는 왕이 아니에요. 하지만 이렇게 흉내를 내는 것도 재미있네요. 저는 왕이 왕궁에 살면서 온갖 모험을 즐기는 이야기들을 무척 좋아하거든요. 정말 근사하잖아요. 그런데 왕이 되는 것은 쉬운 일일까요? 왕이 되면 어떤 어려움이 있을까요? 아이들의 대답을 기다린다. 정말 흥미진진한 대답들이군요! 여러분의 말을 들으니 오늘의 성경 이야기가 무엇인지 당장 연대표를 찾아보고 싶어지네요.

 ## 연대표

'어린이를 위한 가스펠 프로젝트_하나님의 구원 계획' 영상(지도자용 팩)을 보여 주고, 오늘의 성경 이야기가 하나님의 거대한 구원 계획의 한 부분에 속하는 이야기임을 상기시킨다.

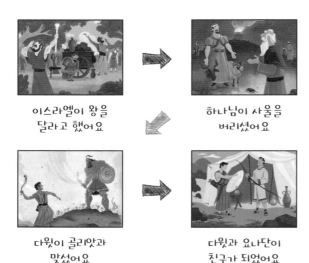

이스라엘이 왕을 달라고 했어요

하나님이 사울을 버리셨어요

다윗이 골리앗과 맞섰어요

다윗과 요나단이 친구가 되었어요

오늘의 성경 이야기는 무엇일까요? 연대표에서 오늘의 성경 이야기 부분을 가리킨다. 제목이 "이스라엘이 왕을 달라고 했어요"네요. 그런데 이스라엘 백성은 왜 왕을 달라고 했을까요? 이스라엘에는 왕이 없었나요? 이전에는 누가 이스라엘을 다스렸는지 혹시 기억하나요? 몇몇 사사를 들어 간단하게 설명한다. 맞아요. 하나님은 '사사'라고 불리는 사람들을 선택해 하나님의 백성을 이끌게 하셨어요. 하지만 이스라엘을 다스리는 분은 하나님이세요. 하나님은 하나님의 백성에게 율법을 주셔서 그들이 하나님을 왕으로 모시고 순종하며 거룩한 삶을 살도록 하셨어요.

 ## 성경의 초점

그러고 보니 앞으로 몇 주 동안 배우게 될 '성경의 초점' 질문이 생각나네요. 1단원의 '성경의 초점' 질문은 **"우리의 왕은 누구인가요?"**랍니다. 오늘의 성경 이야기를 들으면서 질문의 답을 찾아보기로 해요.

 ## 성경 이야기

사무엘상 8~10장을 펴고, 설교 영상(지도자용 팩)을 보여 주거나 이야기 성경을 들려준다.

사무엘은 좋은 선지자이자 제사장이었고, 사사였어요. 그러나 그의 아들들은 좋은 지도자가 아니었지요. 이스라엘 백성은 이웃 나라들처럼 왕을 갖고 싶었어요. 그들은 하나님의 계획을 믿지 않았답니다.

오늘의 성경 이야기에서 가장 기억에 남는 부분은, 비록 이스라엘은 하나님을 버렸지만 하나님은 이스라엘을 버리지 않으셨다는 점이에요. 하나님은 사무엘을 통해 이스라엘 백성에게 왕이 생기면 어떤 점이 좋고 어떤 점이 나쁜지를 알려 주셨어요. 하지만 백성은 들으려고 하지 않았어요.

하나님은 하늘의 왕이 이스라엘을 다스리게 하실 계획을 가지고 계셨지만, 이스라엘 백성은 하나님의 계획을 믿지 않았어요. 그래서 **하나님은** 그들이 바라는 대로 **사울을 이스라엘의 첫 번째 왕으로 세우셨어요.** 하지만 사울은 완벽한 왕이 아니었어요. 하나님은 언젠가 독생자 예수님을 이 땅에 보내셔서 온 세상을 다스리게 할 계획을 갖고 계셨어요. 예수님은 우리의 완벽한 왕이세요.

왕의 중요한 임무 중 하나는 자신의 백성을 위험과 적들로부터 안전하게 지키는 거예요. 예수님도 같은 일을 하신답니다! 이 땅에 오신 예수님은 십자가 위에서 완벽한 희생 제물이 되셔서 우리를 죄와 죽음에서 구해 내셨어요. 예수님을 우리의 왕과 주님으로 믿을 때 우리는 예수님과 함께 영원한 생명을 누릴 수 있게 되지요.

복 / 습 / 질 / 문

1 이스라엘 백성은 왜 왕을 갖고 싶어 했나요?

사무엘의 아들들이 아버지를 따르지 않고 판결을 잘못했으며, 다른 모든 나라와 같이 왕이 그들을 다스리기를 원했기 때문이다 (삼상 8:3, 5)

2 이스라엘은 결국 누구를 왕으로 삼는 것을 거부한 셈인가요?

하나님 (삼상 8:7)

3 사울과 그의 종은 무엇을 찾고 있었나요?

아버지가 잃어버린 나귀들(암나귀들) (삼상 9:3)

4 사무엘이 이스라엘 백성 중에서 사울을 뽑았을 때 사울은 어디에 숨어 있었나요?

짐 보따리들 사이 (삼상 10:22)

5 우리의 왕은 누구인가요?

예수님이 우리의 영원한 왕이세요. 예수님은 온 세상을 다스리세요. 사무엘은 사울의 머리에 기름을 부었어요. 그런데 사울은 이스라엘의 왕으로 뽑히자 숨어 버리고 말았어요. 사람들은 사울을 찾아냈고, 결국 사울은 이스라엘의 왕이 되었지요. 하나님은 하늘의 왕이 이스라엘을 다스리게 하시려고 했지만, 이스라엘 백성은 하나님의 계획을 믿지 않았어요. 그래서 **하나님은 사울을 이스라엘의 첫 번째 왕으로 세우셨어요.** 하나님은 언젠가 독생자 예수님을 보내셔서 온 세상을 다스리게 할 계획을 갖고 계셨어요. 예수님은 세상에 평화와 구원을 가져다줄 완벽한 왕이세요. **우리의 왕은 누구인가요? 예수님이 우리의 영원한 왕이세요. 예수님은 온 세상을 다스리세요.**

복음 초청

성경과 120쪽 복음 초청 가이드를 이용해서 아이들에게 그리스도인이 되는 법을 설명해 준다. 따로 상담해 줄 사람을 정해 주고 궁금한 점이 있으면 물어보도록 격려한다.

이 시간 예수님을 마음에 모시고 싶은 친구는 함께 기도해요.

기도

하나님, 하나님보다 다른 것을 더 의지하고 따르려고 했던 마음을 용서해 주세요. 하나님이 우리를 돌보시고 보호하시는 것을 믿습니다. 하나님은 우리의 왕이세요. 우리가 하나님의 말씀에 순종하며 하나님이 다스리시는 대로 따라가기 원합니다. 왕이신 하나님을 잊지 않도록 우리 마음을 지켜 주세요. 예수님의 이름으로 기도합니다. 아멘.

적용

TIP 설교 도입이나 적용으로 활용하거나 영상을 본 뒤 소그룹으로 나누어 풍성한 대화를 이어 갈 수 있습니다.

하나님의 경고에도 불구하고 이스라엘 백성은 세상의 왕을 원했어요. 어떤 결정을 내릴 때 여러분을 도와주는 사람은 누구인가요? 여러분은 누구의 목소리에 귀를 기울이나요?

적용 예화 영상(지도자용 팩)을 보여 준다.

영상 속의 주인공들은 누구의 목소리에 귀를 기울여야 했는지 아이들과 이야기를 나누어 본다. 혹시 어려운 결정을 내려야 하는 순간이 있었는지, 그때 누구의 도움을 받았는지 아이들에게 물어본다.

이스라엘이 왕을 요구한 것은 하나님을 자신들의 왕으로 삼기를 거부한 것과 다름이 없었어요. **우리의 왕은 누구인가요? 예수님이 우리의 영원한 왕이세요. 예수님은 온 세상을 다스리세요.** 여러분은 어떤 문제가 있을 때 하나님의 말씀을 잘 듣고 있나요? 하나님이 여러분의 삶에서 최고이시라는 것을 어떻게 보여 줄 수 있을까요?

가스펠 소그룹

 10~20분

 ## 나침반

왕이신 하나님

"하나님은 온 땅의 왕이심이라 지혜의 시로 찬송할지어다 하나님이 뭇 백성을 다스리시며 하나님이 그의 거룩한 보좌에 앉으셨도다"(시 47:7~8).

[준비물] 학생용 교재 6쪽, 연필이나 색연필

① 암호를 보고 알맞은 단어를 찾아 시편 47편 7~8절을 완성하게 한다.
② 완성된 성경 구절을 여러 번 읽어 암송한다.

하나님은 온 땅의 **왕** 이심이라

지혜의 시로 **찬송** 할지어다

하나님이 뭇 **백성** 을 다스리시며

하나님이 그의 거룩한 **보좌** 에 앉으셨도다

시편 47편 7~8절

── 성경은 이 땅에서 우리를 다스리는 자가 누구이든, 모든 나라를 다스리는 분은 바로 하나님이시라고 말해요. 우리는 하나님이 모든 것을 돌보신다는 것을 믿을 수 있어요.

차례차례 말씀 왕관 *

[준비물] 차례차례 말씀 왕관(129쪽 또는 지도자용 팩), 가위, 사인펜, 스톱워치(선택)

① 129쪽의 차례차례 말씀 왕관을 복사하여 준비한다. 왕관을 오리고 각 왕관에 1단원 암송 구절을 한두 어절씩 적어 둔다.
② 암송 구절을 적은 왕관을 아이들에게 하나씩 나누어 주고, 암송 구절 순서대로 왕관을 나열하게 한다.
③ 나열한 암송 구절을 한 목소리로 여러 번 읽는다.

TIP 재미를 더하기 위해 스톱워치를 사용하여 제한시간을 두어도 좋다.

── **우리의 왕은 누구인가요? 맞아요! 예수님은 우리의 영**

원한 왕이세요. 예수님은 온 세상을 다스리세요. 하나님이 보내 주신 구원자 예수님은 우리를 언제나 지켜 주시고 보호해 주세요.

 ## 보물 지도

지도자를 맞혀라

[준비물] 성경

① 성경에서 사무엘상 8~10장을 펴고, 성경 이야기를 간략하게 복습한다.
② 인도자가 각 지도자에 관한 문제를 내면 정답을 아는 아이는 손을 들어 지도자를 맞히는 식으로 게임을 진행한다.

1 이 지도자는 잃어버린 암나귀들을 찾으러 갔어요. 사울
2 이 지도자는 하나님의 백성을 모세를 통해 이집트에서 이끌어 냈어요. 하나님
3 이 지도자는 이스라엘 백성의 요구에 관해 하나님께 기도로 물어보았어요. 사무엘
4 이 지도자는 사무엘을 통해 왕을 세운다는 것이 어떤 의미인지 백성에게 경고했어요. 하나님
5 이 지도자는 사울에게 기름을 부어 왕으로 세웠어요. 사무엘
6 이 지도자는 겁이 나서 숨었어요. 사울

── 이스라엘 백성은 왕을 달라고 했어요. 하나님이 그들의 지도자가 되시는 것을 거부한 거예요. 우리는 드러나게 하나님을 거절하지는 않아요. 하지만 이스라엘 백성처럼 우리의 삶을 다스리시는 하나님을 믿지 않는 모습이 행동을 통해 나타날 때가 있어요. 그러나 감사하게도 하나님은 우리에게 완벽한 지도자 예수님을 보내 주셨어요. 예수님은 우리를 위해 십자가에서 죽으시고, 부활하셔서 하나님과 하나가 될 수 있도록 단 하나의 길을 열어 주셨어요.

탐험하기

두 그림은 같다? 다르다?

[준비물] 학생용 교재 7쪽, 연필이나 색연필

① 그림에서 서로 다른 부분 7곳을 찾아 ◯표 하게 한다.

② 짐 보따리들 뒤에 숨어 있는 사람이 누구인지 물어보고, 사울이 왜 숨었을지, 그리고 그의 마음은 어떠했을지 이야기를 나누어 본다.

━━━ 서로 다른 부분을 찾아내기 위해 그림을 자세히 살펴보았어요. 하나님은 우리가 보는 것과 다른 방법으로 이 세상을 보실 때가 많아요. 하나님은 우리 눈에 보이는 것보다 훨씬 더 깊은 곳까지 보실 수 있답니다.

사울, 어디 있어요? *

[준비물] '사울'이라고 적은 쪽지 또는 종이 인형(아이들의 손바닥에 숨겨질 만한 크기), 눈가리개

① 술래를 뽑아 앞으로 나오게 한 뒤 눈가리개로 눈을 가린다.

② 아이 중 한 명에게 '사울'이라고 적은 쪽지 또는 종이 인형을 건네주고, 두 손바닥 사이에 숨기라고 말해 준다.

③ 나머지 아이들에게 술래가 '사울'이 어디 있는지 눈치채지 못하도록 똑같이 두 손을 모으라고 일러 준다.

③ 술래의 눈가리개를 풀어 주고, 누가 '사울'을 숨기고 있는지 맞혀 보게 한다. 기회는 세 번이며, '사울'을 숨긴 아이가 다음 술래가 된다.

━━━ 하나님은 사울을 이스라엘의 첫 번째 왕으로 세우셨어요. 큰 책임감을 느낀 사울은 겁이 났어요. 사무엘이 사울을 찾았을 때 사울은 짐 보따리들 뒤에 숨어 있었어요. 여러분은 아직 어리지만, 하나님은 여러분에게 큰일을 맡기실 수 있어요. 그때 하나님이 그 일을 잘해 내도록 도와주실 것이라고 믿기를 바라요.

보물 상자

나만의 기록장

[준비물] 학생용 교재 8쪽, 연필이나 색연필

① 예수님이 우리의 왕이시라는 말은 어떤 뜻인지 생각해 보고 그림이나 글로 표현해 보게 한다.

② 아이들이 그리거나 적은 내용을 보며 함께 이야기를 나눈다.

━━━ 우리의 왕은 누구인가요? 예수님이 우리의 영원한 왕이세요. 예수님은 온 세상을 다스리세요. 우리가 예수님을 믿을 때 성령님이 오셔서 우리와 함께하시고 우리를 새롭게 만들어 주세요. 성령님은 우리가 최고의 왕이신 예수님께 순종할 수 있도록 도와주세요.

메시지 카드 만들기

[준비물] 학생용 교재 85쪽 메시지 카드, 카드 고리, 펀치, 가위

① 카드를 오리고 펀치로 구멍을 뚫어 고리로 연결하게 한다.

② 가방이나 지갑에 고리를 끼워 항상 휴대하면서 오늘 배운 성경 이야기를 수시로 기억하게 하고, 가족과도 함께 나눌 수 있도록 격려한다.

기도

하나님, 우리를 사랑하시고 항상 보살펴 주셔서 감사합니다. 그리고 우리에게 영원한 왕이신 예수님을 보내 주셔서 감사합니다. 이 세상을 다스리는 왕이 예수님이셔서 참 좋습니다. 왕이신 예수님을 더 사랑하고, 말씀에 순종하며 살도록 도와주세요. 예수님의 이름으로 기도합니다. 아멘.

2

하나님이 사울을 버리셨어요

삼상 13:1~14, 15:1~35

본문 속으로

겉모습만 보면 사울은 왕이 되기에 좋은 조건을 가진 사람이었습니다. 키도 크고 용모도 수려했으며 하나님께 복도 받았습니다. 그러나 사울은 자신의 왕위가 하나님께로부터 왔다는 사실을 잊어버렸습니다. 사울은 하나님 앞에서 몇 가지 잘못을 저질렀고, 그 결과 왕위를 잃었습니다.

사무엘상 13장을 보면, 사울은 사무엘 없이 스스로 번제를 드리는 죄를 지었습니다. 당시 하나님께 제사를 드리는 것은 제사장만이 할 수 있는 일이었습니다. 사울은 이스라엘의 왕이었지만 제사장은 아니었습니다. 사무엘은 만약 사울이 하나님의 명령에 순종했더라면 하나님이 사울의 나라를 영원히 세우셨을 것이라고 말했습니다. 하지만 사울이 순종하지 않았기 때문에 하나님이 그의 마음에 맞는 사람을 구하여 백성의 지도자로 삼으셨다고 말했습니다(삼상 13:14).

사울은 아말렉과 전쟁을 치를 때에도 죄를 지었습니다. 하나님은 사울에게 "아말렉을 쳐서 그들의 모든 소유를 남기지 말고 진멸하되 남녀와 소아와 젖 먹는 아이와 우양과 낙타와 나귀를 죽이라"(삼상 15:3)라고 말씀하셨습니다. 아말렉 사람들은 이스라엘의 원수였기 때문입니다(신 25:13~19 참조). 그러나 사울은 아말렉 왕 아각을 살려 두었고, 가장 좋은 양과 기름진 소를 잡아왔습니다. 자신이 생각하기에 가치 없고 하찮은 것들만 없애 버렸습니다.

사울은 사무엘에게 "내가 여호와의 명령을 행하였나이다"(삼상 15:13)라며 자랑스럽게 말했습니다. 사무엘은 살아있는 양과 소의 울음소리는 어찌 된 것인지 물었습니다. 사울은 자신이 하나님의 말씀에 순종했다고 우겼습니다. 그리고 하나님께 제사하기 위해 양과 소 중에서 가장 좋은 것을 남긴 것이라고 말했습니다.

사무엘은 사울에게 하나님의 뜻을 전했습니다. "순종이 제사보다 낫고 듣는 것이 숫양의 기름보다 나으니 이는 거역하는 것은 점치는 죄와 같고 완고한 것은 사신 우상에게 절하는 죄와 같음이라 왕이 여호와의 말씀을 버렸으므로 여호와께서도 왕을 버려 왕이 되지 못하게 하셨나이다"(삼상 15:22~23).

집으로 돌아간 사무엘은 다시는 사울을 만나지 않았습니다. 그리고 하나님은 사울을 이스라엘의 왕으로 삼으신 것을 후회하셨습니다.

● ● 티칭 포인트

사울과 같이 세상의 왕은 불완전하다는 것을 아이들이 이해할 수 있도록 도와주십시오. 하지만 그런 불완전한 왕들로 인해 우리는 더욱 예수님을 바라보게 됩니다. 예수님만이 하나님의 말씀을 하나도 빠짐없이 순종한 완전한 왕이십니다.

주제

하나님이 사울의 죄 때문에
그를 왕의 자리에서 쫓아내셨어요.

가스펠 링크

왕이신 예수님은 죄인들이 용서받고
하나님께 나아갈 수 있도록
자신의 생명을 바쳐 완전한 제사를
드리셨어요.

하나님이 사울을 버리셨어요 삼상 13:1~14, 15:1~35

이스라엘 왕 사울은 군대를 모아 이웃 나라인 블레셋을 공격했어요. 블레셋 사람들은 이스라엘 백성과 싸우러 나왔어요. 그들에게는 이스라엘보다 훨씬 많은 전차와 말, 군인이 있었지요. 이 사실을 알고 겁을 먹은 이스라엘 군인들은 동굴과 바위틈, 웅덩이 곳곳에 숨어 버렸어요.

사울은 하나님께 도움을 구하고 싶었어요. 제사를 드리면 전쟁에서 이기도록 하나님이 도우실 거라고 생각했지요. 하지만 하나님께 제사를 드리는 것은 오직 제사장만이 할 수 있는 일이었어요. 사울은 제사장 사무엘을 기다렸지만 사무엘은 오지 않았고 군인들은 흩어지기 시작했어요. 마음이 조급해진 사울은 직접 하나님께 제사를 드리기로 했어요.

사울이 하나님께 제사를 드리고 나자 곧바로 사무엘이 도착했어요. "지금 무슨 일을 한 것입니까?" 하고 사무엘이 물었어요. "백성이 도망치기 시작하는데 당신은 정한 시간에 오지 않았습니다. '이제 블레셋 사람들이 싸우러 내려올 텐데 아직 하나님께 도움도 구하지 못했구나' 하는 생각이 들었습니다. 그래서 다급한 마음에 할 수 없이 번제를 드렸습니다"라고 사울이 말했어요.

제사장이 아닌 사울이 제사를 드린 것은 죄였어요! 사무엘은 사울이 하나님의 명령을 어겼다고 말했어요. "이제 왕의 나라는 오래가지 않을 것입니다. 왕이 하나님의 명령을 어겼기 때문입니다. 하나님은 하나님의 마음에 맞는 사람을 찾아 새 지도자로 삼으실 것입니다." 얼마 후, 하나님은 사울에게 아말렉을 공격하고 사람과 가축들을 하나도 남김없이 모두 죽이라고 명령하셨어요. 하지만 사울은 하나님의 명령대로 하지 않았어요. 아말렉의 왕 아각을 살려두고, 가축들도 약하고 쓸모없

는 것만 죽였지요. 하나님이 사무엘에게 말씀하셨어요. "내가 사울을 왕으로 삼은 것을 후회한다. 그는 내게서 등을 돌리고 내 지시를 따르지 않았다." 사무엘은 사울을 찾아가 하나님의 말씀을 그대로 전했어요. 그러자 사울이 "아닙니다, 나는 하나님께 순종했습니다. 하나님께 제사를 드리기 위해 가장 좋은 소와 양을 남긴 것입니다"라고 대답했어요.

"하나님께서 하나님의 음성에 순종하는 것보다 번제와 다른 제사들을 기뻐하시겠습니까? 순종이 제사보다 낫고 귀 기울이는 것이 숫양의 기름보다 낫습니다." 사무엘이 사울에게 말했어요. "왕이 하나님의 말씀을 거역했기 때문에 하나님이 당신을 버려 왕이 되지 못하게 하셨습니다."

그러자 사울이 "내가 죄를 지었습니다. 내 죄를 용서해 주십시오" 하고 간청했어요. 사무엘은 "하나님께서 이스라엘을 당신보다 나은 이웃에게 주셨습니다"라고 대답한 후 집으로 돌아갔어요.

● ● 가스펠 링크

사울은 오직 제사장만이 드릴 수 있는 제사를 직접 드리는 죄를 지었어요. 하나님은 사울을 왕의 자리에서 쫓아내셨어요. 하나님은 예수님을 이 세상의 왕으로 보내셨고, 왕이신 예수님은 죄인들이 용서받고 하나님께 나아갈 수 있도록 자신의 생명을 바쳐 완전한 제물이 되셨어요.

가스펠 준비 ⭐ 10~20분

👑 환영

도착하는 아이들을 반갑게 맞이하고 헌금, 출석, QT 등을 확인하며 격려한다. 새 친구가 있다면 소개한다. 편안한 분위기에서 안부를 물으며 오늘의 말씀과 관련된 화제로 이야기를 나눈다. 아이들에게 무엇을 결정할지 고민하다 잘못된 선택을 한 적이 있는지 물어본다. 그 경험에서 무엇을 배웠는지 자신의 경험담을 나누도록 한다. 인도자의 경험을 이야기해 줄 수 있도록 미리 생각해 둔다. 자발적으로 대화에 참여하도록 이끈다.

예) "잘못된 선택을 한 적이 있나요?", "그 일을 통해서 무엇을 배웠나요?" 등.

─── 우리는 많은 결정을 하며 살아요. 가끔은 무엇이 올바른 선택인지 잘 모를 때도 있어요. 하나님은 우리에게 성경 말씀과 성령님을 통해 하나님의 뜻이 무엇인지 알려 주세요.

💝 마음 열기

어명이요 *

① 아이들을 자리에서 일으켜 세우고, "어명이요"라는 말로 시작하는 왕(인도자)의 명령에만 따르라고 일러 준다.

② "어명이요"라고 하지 않았는데 명령에 따르거나, "어명이요"라고 했는데도 명령에 따르지 않는 아이들은 자기 자리에 앉게 한다.

③ 정해진 시간 동안 게임을 반복한다. 새 게임을 시작할 때 왕을 아이들 중에서 뽑아도 좋다.

─── 우리는 이스라엘의 첫 번째 왕인 사울에 대해 배우고 있어요. 사람들이 왕의 말에 순종하는 것처럼, 왕도 하나님의 명령에 귀를 기울이고 순종해야 해요. 이스라엘 왕 사울이 하나님께 잘 순종했는지 오늘 성경 이야기를 통해 살펴보기로 해요.

조각조각 퍼즐 맞추기 *

[준비물] 퍼즐 세트 2개

① 아이들이 5~10분 안에 완성할 수 있는 간단한 퍼즐 세트 2개를 준비한다.

② 활동 전에 퍼즐에서 한 조각씩을 빼내어 서로 바꾸어 놓는다.

③ 아이들을 두 팀으로 나누고, 힘을 합쳐 퍼즐을 맞추어 보라고 한다.

④ 아이들이 맞지 않는 조각이 있다는 것을 알아차리면, 상대 팀과 협력하여 맞는 조각을 찾아보라고 말한다.

⑤ 맞지 않는 퍼즐 조각을 서로 바꾸어 퍼즐을 완성할 수 있도록 도와준다.

─── 함께 퍼즐을 맞추는 모습이 참 보기 좋아요. 처음에 몇몇 조각이 맞지 않아 퍼즐을 완성할 수 없었지요? 퍼즐은 이렇게 모든 조각이 서로 맞아야만 완성되어요. 사람들이 보기에 사울은 이스라엘의 왕으로 딱 맞는 사람 같았어요. 하지만 그에게는 아주 중요한 것 한 가지가 부족했어요. 바로 하나님께 완전히 순종하는 마음이었어요.

가스펠 설교

 15~30분

들어가기

[준비물] 왕 복장(가운, 왕관), 왕의 홀, 큰 성경

왕 복장을 하고, 홀과 큰 성경을 들고 등장한다. 책장을 휙휙 넘기며 말한다. 배워야 할 것이 이렇게나 많다니! 이 책을 다 볼 수 있을지 모르겠군. 아이들을 향해 말한다. 하나님은 하나님의 백성에게 참으로 많은 규칙을 주셨네요. 저는 왕으로서 우리 백성이 하나님의 말씀을 지킬 수 있도록 도와야 해요. 그래서 이 규칙들을 잘 알아야 하지요! 왕이 된다는 것은 생각보다 훨씬 어려워요. 여러분은 하나님이 세우신 왕들이 하는 일 중에서 어떤 것이 제일 중요하다고 생각하나요? 아이들의 대답을 듣는다.

연대표

정말 멋진 대답이었어요! 사울도 그 사실을 알았다면 좋았을 텐데 말이에요. 여러분, 사울을 기억하나요? 연대표를 보면서 생각해 볼까요? 지난주에 우리는 이스라엘이 왕을 달라고 하자 **하나님이 사울을 이스라엘의 첫 번째 왕으로 세우신** 이야기를 배웠어요. 오늘 성경 이야기의 제목을 읽어 줄 사람 있나요? 자원자를 뽑아 제목을 읽게 한다. 음, 버리셨다고요? 사울을 왕으로 세운 분이 바로 하나님이신데, 무슨 일로 사울을 버리신 걸까요? 성경 이야기를 들으면서 그 이유를 함께 찾아보기로 해요.

이스라엘이 왕을
달라고 했어요

하나님이 사울을
버리셨어요

다윗이 골리앗과
맞섰어요

다윗과 요나단이
친구가 되었어요

성경의 초점

지난주에 배운 1단원의 '성경의 초점' 질문과 답을 기억하는 사람 있나요? 자원자 한 명을 뽑아 대답하게 한다. 맞았어요! **우리의 왕은 누구인가요? 예수님이 우리의 영원한 왕이세요. 예수님은 온 세상을 다스리세요.** 이 질문과 답을 생각하면서 오늘의 성경 이야기를 들어 보아요.

📖 성경 이야기

사무엘상 13장 1~14절과 15장 1~35절을 펴고, 설교 영상(지도자용 팩)을 보여 주거나 이야기 성경을 들려준다.

너무나 슬픈 이야기군요! 지난주만 해도 이스라엘의 왕이 된 사울에게는 밝고 신나는 일만 있을 것 같았는데…. 무엇 때문에 슬픈 이야기로 바뀌었을까요? 아이들에게 생각하고 대답할 기회를 준다. 지난주에 배운 성경 이야기를 생각해 보아요. 사무엘이 사람들 앞에서 사울을 왕으로 뽑았을 때 사울은 어디에 있었나요? 숨어 있었어요! 두려웠던 거예요! 그런데 이번 주에도 같은 일이 일어났어요.

전쟁에 나선 이스라엘 군인들이 도망가기 시작하자, 사울은 두려워졌어요. 침착하게 사무엘을 기다릴 수가 없었어요. 사울은 자기라도 얼른 제사를 드리면 전쟁에서 이기도록 하나님이 도우실거라고 생각했어요. 하나님의 때를 기다리지 않았던 것이지요. 사울은 오직 제사장만 드릴 수 있는 제사를 자신이 직접 드리는 죄를 지었어요. 게다가 아멜렉과의 전쟁에서 하나님께 제물로 바치기 위해서 가축들을 살려 두었다고 말했어요. 자기 죄를 반성하지 않고 변명을 늘어놓은 것이죠.

사무엘은 사울에게 하나님은 제사가 아니라 순종을 원하신다고 말했어요. **하나님은 사울의 죄 때문에 그를 왕의 자리에서 쫓아내셨어요.** 하지만 그를 곧바로 왕의 자리에서 쫓아내지는 않으셨어요. 하나님은 다른 사람을 이스라엘의 왕으로 삼을 계획을 세우셨어요.

하나님은 이 세상에 완전한 왕을 보내셨어요. 바로 예수님이에요! 예수님은 하나님의 말씀에 완전히 순종하셨어요. 또한 예수님은 우리의 죄를 없애 주실 완전한 제물이 되셨어요. 우리가 예수님을 믿으면 예수님은 우리의 왕이 되세요.

예수님은 우리의 죄를 모두 용서하시고, 영원한 생명을 주세요! 우리는 하나님의 말씀에 순종함으로써 우리가 하나님을 얼마나 사랑하는지 보여 줄 수 있어요. 왕이신 예수님은 죄인들이 용서받고 하나님께 나아갈 수 있도록 자신의 생명을 바쳐 완전한 제사를 드리셨어요.

복 / 습 / 질 / 문

1 이스라엘 백성이 블레셋 군대를 두려워하여 도망갈 때 사울이 저지른 잘못은 무엇인가요?

제사장만 드릴 수 있는 제사를 자신이 직접 드렸다 (삼상 13:9)

2 아말렉과 싸울 때 사울은 하나님의 말씀에 순종하지 않고 어떻게 했나요?

아말렉 왕 아각을 사로잡고, 양과 소의 가장 좋은 것 또는 기름진 것과 어린양과 모든 좋은 것을 남겼다 (삼상 15:7~9)

3 사울은 자신의 불순종에 대해 무엇이라고 변명했나요?

백성을 두려워하여 그들의 말을 들었다고 말했다 (삼상 15:24)

4 하나님은 순종과 제사 중 무엇을 더 좋아하시나요?

순종 (삼상 15:22)

5 사무엘이 사울을 떠난 후, 다시 그를 만났나요?

죽는 날까지 다시 만나지 않았다 (삼상 15:35)

6 우리의 왕은 누구인가요?

예수님이 우리의 영원한 왕이세요. 예수님은 온 세상을 다스리세요.

 ## 찬양

우리의 왕

사람들은 말했죠 왕을 달라고
왕이신 하나님께 왕을 구했죠

사람들은 원했죠 왕의 나심을
왕이신 예수를 못 박았죠

하나님의 아들 다윗의 자손
예수는 나의 주 영원하신 왕

거룩한 보좌로 다스리소서
예수는 나의 주 우리의 왕 우리의 왕.

※지도자용 팩 또는 가스펠 프로젝트 홈페이지(gospelproject.co.kr)에서 이용하세요.

 ## 복음 초청

성경과 120쪽 복음 초청 가이드를 이용해서 아이들에게 그리스도인이 되는 법을 설명해 준다. 따로 상담해 줄 사람을 정해 주고 궁금한 점이 있으면 물어보도록 격려한다.

이 시간 예수님을 마음에 모시고 싶은 친구는 함께 기도해요.

 ## 기도

하나님, 예수님은 우리의 영원한 왕이시고 온 세상을 다스리는 분이십니다. 우리를 사랑하시고, 우리의 죄를 용서하시며, 하나님의 자녀로 살아가게 해주셔서 감사합니다. 언제나 하나님의 말씀에 순종하며, 하나님을 기쁘시게 하는 우리가 되도록 인도해 주세요. 예수님의 이름으로 기도합니다. 아멘.

 ## 적용

TIP 설교 도입이나 적용으로 활용하거나 영상을 본 뒤 소그룹으로 나누어 풍성한 대화를 이어 갈 수 있습니다.

사울은 가장 좋은 짐승들을 남겨 제물로 드리면 하나님이 기뻐하실 줄 알았어요. 하지만 그것은 하나님이 사울에게 원하신 것이 아니었어요. 만약 여러분이 누군가 시킨 일을 정확하게 하지 않고 비슷하게만 했다면, 그것을 순종이라고 할 수 있을까요? 이 질문을 기억하면서 다음 영상을 함께 보아요.

적용 예화 영상(지도자용 팩)을 보여 준다.

넬의 아버지는 왜 화가 났을까요? 넬이 나쁜 짓을 했기 때문일까요? 넬의 행동이 잘못된 이유는 아버지가 시키는 대로 하지 않았기 때문이에요.

하나님은 예수님을 보내셨어요! 예수님은 하나님께 완전히 순종하는 것이 어떤 것인지 보여 주셨어요. 예수님은 십자가에서 죽으시고 다시 살아나셔서 우리가 용서받고 새사람이 될 수 있는 유일한 길을 열어 주셨어요.

가스펠 소그룹
10~20분

나침반

왕관을 찾아라!

[준비물] 학생용 교재 12쪽, 성경, 연필

① 성경에서 시편 47편 7~8절 말씀을 찾아 여러 번 함께 읽는다.

② 시편 47편 7~8절 말씀을 따라 선을 이어 왕관을 완성하게 한다.

③ 완성된 말씀을 아래에 적고, 왕관을 멋지게 색칠하여 꾸미도록 한다.

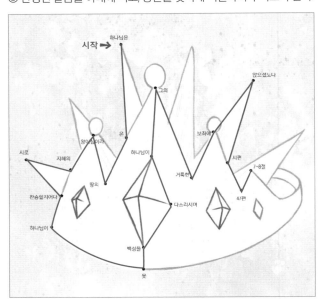

── 하나님은 온 세상의 왕이시고, 모든 것을 다스리는 분이세요. 사울은 하나님께 순종하지 않는 죄를 짓고 말았어요. 하나님은 하나님의 아들, 예수님을 이 땅에 보내셨어요. 이 땅에 오신 예수님은 우리를 위해 십자가에 못 박혀 죽으셨고, 죽은 자들 가운데서 살아나셔서 우리의 영원한 왕이 되셨어요.

보물 지도

벌칙대로 해봐요

[준비물] 벌칙 쪽지(124쪽 또는 지도자용 팩), 상자, 성경

① 124쪽 벌칙이 적힌 쪽지를 잘라 상자에 미리 넣어 둔다.

② 아이들과 함께 사무엘상 13장 1~14절과 15장 1~35절을 찾아 읽는다.

③ 아이들을 두 팀으로 나누고, 한 번에 한 문제씩 각 팀에게 번갈아가며 질문을 던진다.

④ 정답을 맞힌 팀에게 1점을 준다. 만약 틀린 답을 말하면 상자에서 벌칙이 적힌 쪽지를 하나 뽑아 거기에 쓰인 대로 하라고 한다.

⑤ 만약 틀리고도 벌칙을 수행하지 않으면 상대 팀에게 1점을 준다.

1 사울이 사무엘을 기다린 장소는 어디였나요?

길갈 (삼상 13:7)

2 사울은 사무엘을 얼마나 오래 기다렸나요?

7일 (삼상 13:8)

3 만약 사울이 끝까지 사무엘을 기다렸다면, 하나님은 어떻게 하셨을까요?

이스라엘 위에 사울의 나라를 영원히 세우셨을 것이다 (삼상 13:13)

4 사울은 자신이 하나님의 말씀을 어기고 있다는 것을 알았나요?

몰랐다, 그는 자신이 하나님의 말씀에 순종했다고 생각했다 (삼상 15:13, 20)

5 사무엘의 옷은 어떻게 되었나요?

사울이 사무엘의 겉옷 자락을 붙잡아 찢어졌다 (삼상 15:27)

── 여러분이 문제를 맞히지 못했을 때도 결과가 좋지 않았고, 종이에 적힌 대로 하지 않았을 때도 결과가 좋지 않았어요. 물론 게임의 결과들은 재밌는 것이었지만, 우리가 살아가면서 경험하는 불순종의 결과들은 심각하거나 위험할 때도 있다는 것을 항상 기억해야 해요.

탐험하기

짝꿍을 찾아라!

[준비물] 학생용 교재 13쪽, 연필이나 색연필

① 그림을 잘 보고 그림 속의 물건 중 서로 필요한 것을 찾아 연결하라고 한다.

② 그림 중 4가지 물건(스피커, 우물펌프, 전화기, 소화전)은 짝이 없다고 힌트를 준다.

── 필요한 물건들끼리 연결하고 나니 필요하지 않은 물건들만 남았어요. 사울은 하나님의 말씀에 순종하지 않아서 이제 하나님이 필요로 하지 않는 왕이 되어 버렸어요.

뒤죽박죽 이야기 만들기

[준비물] 학생용 교재 13쪽, 부록 91~92쪽, 연필이나 색연필

① 학생용 교재 91쪽을 뜯고, 빈칸에 넣을 단어들을 제시된 낱말에 따라 순서대로 적은 뒤 점선대로 접게 한다.

② 학생용 교재 92쪽에 있는 '뒤죽박죽 이야기'의 빈칸에 번호 순서대로 ①의 단어를 적게 한다. (각자 적게 해도 좋고, 다 함께 순서대로 단어를 말하면서 빈칸을 채워 넣어도 좋다.)

③ 빈칸을 모두 채우면 자원하는 아이에게 이야기를 읽어 보게 한다.

TIP 시간 여유가 있다면 '사울이 불순종하지 않았더라면' 어떤 일이 있었을지 이야기를 만들어 보아도 좋다.

━━ 참 잘했어요! 정말 재미있는 이야기가 되었어요. 우리는 하나님의 계획을 잘 이해하지 못해서 하나님의 말씀을 지키지 못할 때가 있어요. 하지만 언제나 하나님은 우리를 사랑하신다는 것을 기억하고 하나님께 순종해야 해요.

차근차근 명령 따르기 *

 [준비물] 차근차근 명령 따르기(124쪽 또는 지도자용 팩), 시계

① 124쪽의 '차근차근 명령 따르기' 카드를 아이들 인원 수에 맞게 복사하고, 아이들에게 한 장씩 나누어 준다.

② 설명하는 동안 종이를 뒤집어 놓으라고 말한다.

━━ 여러분 앞에는 여러분이 지켜야 할 명령이 적힌 카드가 한 장씩 있어요. 여기에 적힌 대로 해내는 데 시간이 얼마나 걸리는지 볼 거예요. 반드시 명령을 꼼꼼하게 읽어 보세요!

③ "시작!" 신호와 함께 아이들에게 명령을 수행하게 한다.

④ 명령을 따른 친구들에게 칭찬을 해주고 모든 아이가 명령을 완수할 때까지 기다려 준다.

━━ 우리는 때때로 명령을 따르지 않을 때가 있어요. 여러분이 맨 처음 받은 명령은 일어나서 저에게 손을 흔드는 것이었어요. 명령대로 하는 것이 힘든 이유는 무엇일까요? 아이들의 대답을 기다린다. 맞아요. 그리고 하나님의 말씀대로 순종하는 것은 더 어려워요. 하지만 우리가 예수님과 성령님을 믿고 의지할 때 말씀대로 순종할 수 있어요.

🎁 보물 상자

나만의 기록장

[준비물] 학생용 교재 14쪽, 연필이나 색연필

① 하나님의 말씀에 순종하려면 어떻게 해야 할지 생각해 보게 한다.

② 순종할 때 또는 순종하지 않을 때 나의 모습을 그림이나 글로 표현해 보게 한다.

━━ 하나님이 우리에게 순종을 바라는 이유는 하나님의 계획과 방법이 가장 좋기 때문이에요. 우리가 예수님을 믿고 예수님이 우리를 얼마나 사랑하시는지 알게 되면, 하나님은 우리의 마음을 하나님께 순종하고 싶은 마음이 되도록 바꿔 주세요.

메시지 카드

이번 주 메시지 카드로 부모님과 함께 오늘 배운 성경 이야기를 나누어 보라고 한다.

기도

하나님, 예수님을 보내시고 우리를 죄에서 구원해 주셔서 감사합니다. 하나님의 말씀에 순종하지 않았던 것을 용서해 주세요. 우리와 함께하시는 성령님, 언제나 하나님 말씀에 순종할 수 있도록 도와주세요. 우리의 모든 것을 아시고 다스리시는 하나님을 찬양합니다. 예수님의 이름으로 기도합니다. 아멘.

3

다윗이 골리앗과 맞섰어요

삼상 16~17장

본문 속으로

사무엘은 사울에게 기름을 부어 이스라엘의 왕으로 세웠습니다. 하지만 사울은 오래지 않아 자신의 불순종 때문에 하나님께 버림받았습니다. 하나님은 사무엘을 베들레헴으로 보내 이새와 그의 아들들을 만나게 하셨습니다. 이새의 아들 중 한 명을 이스라엘의 왕으로 정하셨기 때문입니다(삼상 16:1).

이새에게는 아들이 많았습니다. 사무엘은 이새의 맏아들인 엘리압을 본 순간 그가 바로 하나님이 기름을 부으실 자라고 생각했습니다. 엘리압은 왕이 되기에 손색이 없을 정도로 키도 크고 잘생겼기 때문입니다. 그러나 하나님의 기준은 사람들의 기준과 달랐습니다. 하나님은 "내가 보는 것은 사람과 같지 아니하니 사람은 외모를 보거니와 나 여호와는 중심을 보느니라"(삼상 16:7)라고 말씀하셨습니다.

이새의 아들들이 한 명씩 차례로 사무엘의 앞을 지나갔습니다. 사무엘은 아마도 이스라엘의 다음 왕으로 누구를 선택하셨는지 하나님의 음성을 듣고자 노심초사했을 것입니다. '아비나답일까? 삼마일까?'라고 생각했지만 하나님은 그 자리에 있는 아들 중 그 누구도 왕으로 선택하지 않으셨습니다.

이제 막내아들인 다윗이 남았습니다. 다윗은 양을 돌보느라 들판에 나가 있었습니다. 이새가 사람을 보내어 다윗을 데려왔습니다. 다윗이 들어오자 하나님이 말씀하셨습니다. "이가 그니 일어나 기름을 부으라"(삼상 16:12). 사무엘은 다윗에게 기름을 부었고, 하나님의 영이 다윗에게 임했습니다.

기름 부음을 받은 다윗이 곧바로 왕이 된 것은 아니었습니다. 사울이 여전히 이스라엘의 왕이었고, 다윗은 아직 어렸습니다. 어느 날 형들에게 음식을 가져다주려고 전쟁터를 찾은 다윗은 이스라엘과 싸우기 위해 모여든 블레셋 사람들을 보았습니다. 다윗과 골리앗의 이야기는 구약성경의 이야기 중 가장 잘 알려진 사건입니다. 이스라엘 백성이 두려움에 떨고 있을 때, 무기라고는 물매와 조약돌 5개가 전부였던 다윗은 하나님이 주시는 힘으로 적군을 물리쳤습니다.

주제

하나님이 다윗에게 골리앗을
이길 힘을 주셨어요.

가스펠 링크

예수님은 십자가에서 죽으시고
부활하셔서 죄인들을 구원할 능력을
보여 주셨어요.

● ● 티칭 포인트

아이들이 두려움에 떨고 있는 이스라엘의 입장이 되어 보도록 도와주십시오. 예수님을 떠난다면 우리도 죄와 죽음이라는 적군 앞에서 힘없이 떨고 있을 수밖에 없습니다. 다윗처럼 분연히 일어날 수 있는 사람은 하나도 없을 것입니다. 아무리 노력한다 해도 우리의 힘만으로는 결국 실패할 것입니다. 예수님은 우리를 구하러 오신 세상에서 가장 위대한 영웅이심을 말해 주십시오. 예수님은 우리에게 구원과 영원한 생명을 주는 분이십니다.

다윗이 골리앗과 맞섰어요 삼상 16~17장

사울은 이스라엘의 왕이었지만 하나님께 순종하지 않았어요. 그래서 하나님은 이스라엘에 새로운 왕을 주기로 계획하셨지요. 하나님은 사무엘에게 베들레헴에 사는 이새라는 사람을 찾아가라고 말씀하셨어요. 하나님은 이새의 아들 중 한 명을 이스라엘의 새 왕으로 선택했다고 하셨어요. 그래서 사무엘은 이새와 8명의 아들을 만나러 갔답니다.

이새의 첫째 아들은 키가 크고 잘생겼어요. 사무엘은 틀림없이 하나님이 이 사람을 왕으로 뽑으셨다고 생각했어요. 그런데 하나님은 "겉모습이나 키를 보지 마라. 사람은 겉모습을 보지만 나는 마음의 중심을 본다"라고 말씀하셨어요. 이새의 아들들이 한 명씩 차례대로 사무엘의 앞을 지나갔지만, 하나님은 그들 중 아무도 뽑지 않으셨어요. 사무엘이 "아들들이 모두 온 것입니까?"라고 이새에게 물었어요. 이새는 "막내 다윗이 지금 양들을 돌보고 있습니다"라고 대답하고 사람을 보내 다윗을 데려왔어요. 다윗이 들어오자 하나님이 사무엘에게 말씀하셨어요. "저 아이가 맞다." 사무엘은 하나님이 왕으로 선택하신 사람이라는 표시로 다윗에게 기름을 부었어요. 하나님의 영이 다윗과 함께 계셨고, 사무엘은 집으로 돌아갔어요.

한편, 사울은 나쁜 영에 시달리고 있었어요. 신하들은 사울이 아름다운 음악을 들으면 기분이 좋아질지도 모른다고 생각했어요. 한 신하가 이새의 아들 다윗이 하프 연주를 잘한다는 것을 알고 다윗을 불러왔어요. 다윗은 사울이 괴로울 때마다 하프를 연주했는데, 그러면 나쁜 영이 떠나갔고 사울은 기분이 좋아졌어요.

그러던 중 이스라엘의 적인 블레셋이 전쟁을 하러 왔어요. 사울은 군대를 모아 전쟁을 치를 준비를 했어요. 블레셋에는 골리앗이라는 거대하고 힘이 센 장수가 있었는데, 그가 이스라엘 군인들을 향해 외쳤어요. "누구든 하나만 골라서 내게 보내 나와 싸우자!" 그러나 그들은 모두 골리앗을 무서워해 아무도 맞서 싸우려고 하지 않았어요. 다윗은 형들에게 음식을 가져다주려고 전쟁터에 갔다가, 골리앗이 소리 지르는 모습과 이스라엘 사람들이 벌벌 떨고 있는 모습을 보았어요. 그 모습을 본 다윗은 자기가 싸우러 가겠다고 나섰어요.

그러자 사울이 "네가 어떻게 저 블레셋 사람과 싸울 수 있단 말이냐?"라며 다윗을 막았어요. 다윗은 "저는 양을 칠 때 사자나 곰도 때려 쓰러뜨렸습니다. 하나님이 저를 구해 내실 것입니다"라고 말했어요. 다윗은 근처 시냇가로 가 조약돌 5개를 주워 담았어요. 다윗의 무기는 조약돌 몇 개와 물매가 전부였지요.

골리앗은 다윗이 어린 소년인 것을 보고 놀렸어요. 그러자 다윗이 외쳤어요. "너는 칼과 창과 단창으로 내게 나오지만 나는 이스라엘 군대의 하나님의 이름으로 네게 나간다. 하나님이 너희 모두를 우리 손에 넘겨주실 것이다!" 다윗은 골리앗을 향해 달려가며 물매로 돌을 던져 이마를 맞혔어요. 골리앗이 앞으로 고꾸라지자, 다윗이 그를 죽였어요!

● ● 가스펠 링크

다윗은 체구가 크거나 힘이 센 장수가 아니었지만 하나님을 믿고 의지했어요. 하나님은 다윗에게 힘을 주셨지요. 하나님이 예수님을 이 땅에 보내셨을 때, 예수님도 강한 장수처럼 보이지 않았어요. 하지만 예수님은 십자가에서 죽으시고 부활하셔서 죄인들을 구원할 능력을 보여 주셨어요.

환영

도착하는 아이들을 반갑게 맞이하고 헌금, 출석, QT 등을 확인하며 격려한다. 새 친구가 있다면 소개한다. 편안한 분위기에서 안부를 물으며 오늘의 말씀과 관련된 화제로 이야기를 나눈다. 아이들과 함께 자신이 잘하는 것은 무엇이며, 잘하지 못하는 것은 무엇인지 이야기를 나누어 본다. 자발적으로 대화에 참여하도록 이끈다.

예) "무엇을 제일 잘하나요?", "잘하지 못하는 것이 있다면 무엇인가요?" 등.

━━ 하나님은 우리를 서로 다르게 만드셨어요. 우리는 저마다 다른 장점이나 단점을 가지고 있어요. 하나님은 우리를 깜짝 놀라게 해주셨어요. 오늘 성경 이야기에서는 하나님이 한 작은 소년을 통해 어려운 일을 해내시는 것을 보게 될 거예요.

 마음 열기

누가 왕이 될 수 있을까? *

[준비물] 종이 왕관

① 아이들에게 인도자가 말하는 특정한 기준에 따라 순서대로 줄을 서라고 말한다.

　　예) 키, 신발 크기, 머리 길이 등.

② 특정 기준에 따라 순서대로 세운 줄에서 가장 첫 번째에 선 아이에게 왕관을 씌운다.

③ 세 번 정도 진행한 후, 마지막으로 가장 어리거나 작거나 약한 조건을 가진 아이의 머리에 왕관을 씌운다.

━━ 우리는 보통 나이가 어린 사람을 지도자로 생각하지 않아요. 하지만 하나님은 키가 크거나 작거나, 나이가 많거나 적거나 상관없이 누구나 사용하신답니다. 오늘의 성경 이야기에서도 많은 사람이 이스라엘의 새로운 왕이 될 주인공을 보고 매우 놀랐어요.

제일 힘 센 사람은 누구일까? *

[준비물] 마스킹 테이프, 포스트잇, 연필이나 색연필, 책 여러 권, 스톱워치

① 아이들이 수행할 몇 가지 경기를 준비한다.

　　예) 멀리뛰기, 높이뛰기, 무거운 짐 들기, 플랭크 하기 등.

- 멀리뛰기

　1. 바닥에 테이프를 한 줄로 길게 붙인다.

　2. 아이들을 선 위에 세운 다음 최대한 멀리 뛰라고 한다.

　3. 얼마나 멀리 뛰었는지 아이들의 기록을 바닥에 표시한다.

- 높이뛰기

　1. 아이들을 벽 앞으로 불러 모은다.

　2. 아이들에게 포스트잇을 한 장씩 주고, 각자 자기 이름을 쓰라고 한다.

　3. 바닥에서 높이 뛰어 최대한 벽의 높은 곳에 이름을 쓴 포스트잇을 붙이라고 한다.

- 무거운 짐 들기

　1. 책을 여러 권 준비한다.

　2. 아이들에게 순서대로 한 명씩 나와 책을 여러 권 들고 다섯 걸음을 걸으라고 한다. 누가 가장 많이 들 수 있는지 본다.

　3. 아이들이 든 책의 권수를 기록해 둔다.

- 플랭크 하기

　1. 아이들에게 팔꿈치와 무릎을 바닥에 댄 상태로 엎드린 후, 무릎을 떼고 몸을 곧게 뻗어 팔꿈치와 발로 버티라고 설명해 준다.

　2. 아이들이 플랭크 자세로 견디는 시간을 측정하고 그 결과를 기록해 둔다.

② 경기가 끝나면 기록한 결과를 발표하고, 아이들에게 수고했다고 칭찬해 준다.

━━ 우리는 보통 가장 빠르거나 가장 힘이 센 사람에게 상을 주지요. 빠르거나 힘이 센 것도 대단하지만, 하나님은 하나님의 뜻을 이룰 사람을 뽑을 때 그 사람의 마음을 보세요. 즉, 우리가 다른 사람을 어떻게 대하는지, 우리가 하나님을 어떻게 사랑하는지를 보신다는 말이에요.

가스펠 설교

들어가기

[준비물] 왕 복장(가운, 왕관), 줄자(막대 자)

왕 복장을 하고, 줄자를 들고 혼잣말을 하며 등장한다.

어디 보자, 90 cm에 90 cm를 더하고 또 90 cm를 더하면, 이런 270 cm나 되는군. 아이들을 향해 말을 한다. 길이 재는 걸 도와줄 사람이 필요해요. 자원자를 한 명 뽑아 벽이나 바닥에 3m 길이를 잰다. 우와 이렇게 크다니! 여러분, 키가 3m나 되는 사람을 만났다고 상상해 보세요. 저는 그런 사람을 만나면 좀 무서울 것 같아요! 그렇게 키가 큰 사람은 문을 어떻게 통과할까요? 혹시 그런 사람을 직접 만난 적이 있나요? 세계에서 가장 키가 컸던 농구 선수도 210 cm가 조금 넘었던 것을 알고 있나요?

연대표

오늘 우리가 성경 이야기를 통해 만나 볼 사람은 키만 엄청나게 큰 것이 아니라, 힘도 굉장히 셌답니다. 이제 함께 연대표를 보아요. 연대표에서 오늘의 성경 이야기를 가리킨다. 지금 우리가 이야기하고 있는 거인의 이름은 무엇일까요? 아이들이 골리앗이라고 외칠 수 있도록 기다린다. 아, 여러분 중에 이미 이 이야기를 알고 있는 사람도 있군요! 그렇다면 얼마나 자세히 알고 있는지 살펴보기로 해요.

이스라엘이 왕을
달라고 했어요

하나님이 사울을
버리셨어요

다윗이 골리앗과
맞섰어요

다윗과 요나단이
친구가 되었어요

성경의 초점

1단원 '성경의 초점'이 무엇인지 기억하는 사람 있나요? **우리의 왕은 누구인가요? 예수님이 우리의 영원한 왕이세요. 예수님은 온 세상을 다스리세요.** 지난주에 우리는 사울을 왕의 자리에서 쫓아내고, 하나님께 잘 순종하는 사람을 새 왕으로 세우실 거라는 이야기를 배웠어요. 오늘 성경 이야기의 제목을 보니 하나님이 누구를 왕으로 세우셨는지 알 것 같은데, 과연 누구일까요? 이제 성경 이야기를 들으면서 여러분의 생각이 맞는지 확인해 보기로 해요.

성경 이야기

사무엘상 16~17장을 펴고, 설교 영상(지도자용 팩)을 보여 주거나 이야기 성경을 들려준다.

하나님은 다윗을 평범하지 않은 상황에 두셨어요. 먼저 다윗이 살던 시대에는 첫째 아들이 가정의 지도자로 축복과 인정을 받았어요. 막내가 아니고 말이죠. 사무엘이 다윗에게 기름을 부은 후 다윗은 무엇을 했을까요? 다윗은 이전과 같이 양을 돌보고 가족들을 위해 일했어요. 다윗은 하나님이 모든 계획을 아주 세세한 부분까지 다 이루실 것이라고 믿으며 의지했어요.

얼마 후, 다윗은 이스라엘 왕 사울에게 불려가 그를 위해 하프를 연주하게 되었어요. 다윗은 언젠가 자신이 왕이 될 것을 알고 있었지만, 그때를 기다리며 마음을 다해 사울을 섬겼어요. 하나님과 이스라엘에 대해 나쁜 말을 늘어놓는 골리앗과 싸우러 나갔을 때도 다윗은 하나님이 자신과 함께하시는 것을 잘 알았어요. 하나님은 다윗에게 골리앗을 무찌를 힘을 주셨지요.

다윗은 키가 크거나 힘이 센 장수가 아니었어요. 사람들 눈에는 어린 소년에 불과했어요. 사람들이 생각하는 영웅과는 거리가 멀었지요. 예수님도 강한 용사처럼 보이지 않기는 마찬가지였어요. 하지만 예수님은 십자가에서 죽으시고 다시 살아나심으로 죄인들을 구원할 능력을 보여 주셨어요. 예수님이 이 땅에 오셨을 때, 사람들은 주변의 강한 나라들로부터 자신들을 구해 줄 누군가를 기다리고 있었어요. 그러나 예수님은 그보다 훨씬 더 큰 위험으로부터 사람들을 구원하셨어요. 바로 그들의 죄였어요. 예수님은 우리를 하나님과 영원히 함께하게 하시려고 십자가에서 죽으셨어요. 우리가 받아야 할 벌을 예수님이 대신 받으신 거예요. 예수님이야 말로 이 세상에서 가장 위대한 왕이세요!

복 / 습 / 질 / 문

1 이새에게는 몇 명의 아들이 있었나요?

　　8명 (삼상 16:10~11)

2 사무엘은 하나님이 다윗을 이스라엘의 새로운 왕으로 뽑으셨다는 것을 어떻게 보여 주었나요?

　　다윗에게 기름을 부었다 (삼상 16:13)

3 다윗이 사울을 위해 연주한 악기는 무엇인가요?

　　수금 또는 하프 (삼상 16:23)

4 다윗은 왜 전쟁터에 있는 형들을 찾아갔나요?

　　형들에게 음식을 가져다주기 위해서 (삼상 17:17~18)

5 다윗은 골리앗과 싸우기 위해 조약돌을 몇 개 주웠나요?

　　5개 (삼상 17:40)

복음 초청

성경과 120쪽 복음 초청 가이드를 이용해서 아이들에게 그리스도인이 되는 법을 설명해 준다. 따로 상담해 줄 사람을 정해 주고 궁금한 점이 있으면 물어보도록 격려한다.

이 시간 예수님을 마음에 모시고 싶은 친구는 함께 기도해요.

기도

하나님, 다윗이 골리앗을 무찌를 수 있었던 것은 하나님을 믿고 의지했기 때문이에요. 우리는 작고 연약하지만, 하나님이 항상 함께하신다는 것을 기억하게 해주세요. 우리의 영원한 왕이시고 온 세상을 다스리시는 예수님을 찬양합니다. 예수님의 이름으로 기도합니다. 아멘.

적용

TIP 설교 도입이나 적용으로 활용하거나 영상을 본 뒤 소그룹으로 나누어 풍성한 대화를 이어 갈 수 있습니다.

혹시 쉬울 것으로 생각했던 일이 막상 해보니 어려웠던 적이 있나요? 다음 영상을 보면서 여러분의 능력을 믿었는데 사실 그 능력이 충분하지 않아 힘들었던 경험을 떠올려 보세요.

적용 예화 영상(지도자용 팩)을 보여 준다.

이야기 속의 패자는 왜 자신이 이길 것으로 생각했는지 아이들에게 물어본다. 승자가 자신의 힘만으로도 이길 수 있었을지 물어본다.

골리앗은 다윗과의 싸움에서 당연히 이길 것으로 생각했어요. 다윗은 어렸고, 갑옷이나 칼도 없었으니까요. 하지만 다윗은 하나님이 적을 물리치실 것을 믿었지요.

우리는 때때로 우리의 죄를 스스로 해결할 수 있다고 생각하지만, 사실은 그렇지 않아요. 다행인 것은 우리 모두 예수님 안에서 승리할 수 있다는 거예요! 예수님은 십자가에서 죽으시고 다시 살아나심으로 죄를 무찌르셨어요! 우리가 예수님을 믿고 의지하면 예수님의 승리가 바로 우리의 것이 되지요. 예수님은 우리 안에 성령님을 보내 주셨고, 성령님은 우리에게 죄를 이길 힘을 주세요.

가스펠 소그룹

10~20분

 ## 나침반

숨은 말씀 찾기

[준비물] 1단원 암송(121쪽), 포스트잇, 사인펜

① 활동을 시작하기 전에 포스트잇에 암송 구절을 한두 어절씩 적어 교실 곳곳에 붙여 둔다.

② 인도자가 "시작!"이라고 외치면, 아이들이 서둘러 포스트잇을 찾아 가져오게 한다.

③ 포스트잇을 다 모으면, 아이들이 힘을 합쳐 암송 구절을 순서대로 정리하게 한다. 정리가 끝나면 한목소리로 크게 읽는다.

━━ 오늘의 암송 구절을 보니 1단원의 '성경의 초점'이 생각나네요. **우리의 왕은 누구인가요? 예수님이 우리의 영원한 왕이세요. 예수님은 온 세상을 다스리세요.** 우리는 약하거나 힘이 없다고 주눅 들 필요가 없어요. 우리 곁에는 온 세상을 다스리시는 예수님이 계시니까요.

 ## 보물 지도

다윗은 어떤 조약돌을 골랐을까요?

[준비물] 학생용 교재 18쪽, 연필이나 색연필

사람은 <u>겉모습</u> 을(를) 보지만 하나님은 <u>마음</u> 을(를) 보세요. (삼상 16:7)

다윗은 사울의 마음을 편하게 해주려고 <u>하프</u> 을(를) 연주했어요. (삼상 16:23)

다윗은 자신의 영광을 위해 싸우지 않았어요. 하나님께 영광을 돌리고, 하나님의 <u>능력</u> 을(를) 나타내고 싶어 했어요. (삼상 17:36, 45~47)

우리의 가장 큰 적을 물리치신 <u>예수님</u> 은 죄와 죽음을 이기셨어요. (고전 15:55~57)

① 학생용 교재 18~19쪽을 펴고 단어가 적힌 조약돌 5개를 찾게 한다.

② 조약돌에 적힌 단어를 확인하여 문장을 완성하게 한다.

③ 완성된 문장을 한 사람씩 읽으며 성경 내용을 복습한다.

━━ 다윗이 골리앗과 싸우러 가면서 들고 간 것은 고작 물매와 조약돌 5개였어요. 다윗은 하나님이 자신과 함께하신다는 것을 알았어요. 그리고 하나님은 다윗에게 골리앗을 무찌를 힘을 주셨어요.

 ## 탐험하기

골리앗과 키 재기

[준비물] 학생용 교재 19쪽, 연필이나 색연필

예시

① 골리앗과 나의 키를 비교해서 차이를 느껴 보게 한다.

TIP 예배실 벽면에 바닥에서부터 3m 정도의 높이에 표시하고, 아이들이 그 옆에 가서 서 보게 하는 것도 좋다.

② 거대한 골리앗 옆에 자신의 모습을 비율에 맞추어 그려 보게 한다.

③ 다윗이 골리앗을 이길 수 있었던 비결이 무엇인지 이야기를 나누어 보게 한다.

━━ 다윗이 골리앗을 이길 수 있었던 것은 훌륭한 물맷돌 던지기 선수였기 때문이 아니에요. 다윗은 골리앗과 싸울 때 하나님의 이름으로 싸우러 나왔다고 말했어요. 이스라엘을 블레셋의 손에서 구한 것은 바로 하나님이셨어요. 하나님이 다윗을 사용하셔서 자기 백성을 구원하신 거예요.

골리앗을 쓰러뜨려라 *

[준비물] '골리앗'이라고 쓴 표지판, 신문지

① 활동 전에 벽의 제일 높은 부분에 골리앗 표지판을 붙인다.

— 성경은 골리앗의 키가 3m 정도라고 말해요. 게다가 힘도 엄청나게 셌지요! 다윗은 어린 소년이었지만, 하나님은 그가 물매와 조약돌만으로 골리앗을 무찌를 수 있도록 힘을 주셨어요. 여러분도 다윗처럼 골리앗을 잘 조준해서 맞힐 수 있을지 한번 볼까요?

② 아이들에게 신문지를 주고 구겨서 공 모양을 만들라고 한다.

③ 신문지 공을 던져 골리앗 표지판을 맞혀 보라고 한다.

— 다윗이 골리앗을 넘어뜨릴 수 있었던 것은 하나님을 믿고 의지했기 때문이에요. 다윗은 골리앗과 싸워 하나님의 영광을 드러냈어요.

우리 집에 왜 왔니 *

① 아이들을 두 팀으로 나눈다.

② 다 함께 '우리 집에 왜 왔니' 노래를 불러 보게 한다.

③ 먼저 한 팀이 "우리 집에 왜 왔니"라고 물으면, 다른 한 팀은 상대 팀에 있는 한 아이의 이름을 넣어 "○○ 왕을 찾으러 왔단다"로 답하게 한다.

④ 지목당한 아이와 상대 팀 아이가 가위바위보를 하게 한다. 진 사람이 상대 팀으로 가게 한다.

⑤ 두 팀이 번갈아 상대 팀의 아이를 지목하며 게임을 계속한다.

— 사무엘은 하나님이 이스라엘의 새 왕을 세우셨다는 것을 알았어요. 사무엘은 하나님이 계획하신 사람을 기다렸어요. 마침내 다윗이 나타났고, 하나님은 다윗을 이스라엘의 새로운 왕으로 지목하셨어요.

 ## 보물 상자

나만의 기록장

[준비물] 학생용 교재 20쪽, 연필이나 색연필

① 하나님은 하나님을 믿고 의지하는 사람에게 힘을 주신다는 것을 알려 준다.

② 자신의 힘만으로는 할 수 없었던 일을 해내도록 하나님이 도우신 적이 있는지 생각해 보게 한다.

③ 그 경험을 떠올리며 그림이나 글로 표현해 보라고 한다.

— 하나님은 이스라엘 백성이 그들의 힘으로 이길 수 없었던 적을 물리치기 위해 다윗을 사용하셨어요. 우리가 예수님을 의지하면 우리 안에 계시는 성령님이 하나님께 순종할 힘을 주세요.

메시지 카드

이번 주 메시지 카드로 부모님과 함께 오늘 배운 성경 이야기를 나누어 보라고 한다.

기도

하나님, 우리의 영원한 왕이시며, 온 세상을 다스리시는 예수님을 보내 주셔서 감사합니다. 다윗처럼 언제나 하나님을 믿고 의지할 수 있도록 함께해 주세요. 예수님의 이름으로 기도합니다. 아멘.

4

다윗과 요나단이 친구가 되었어요

삼상 18:1~12, 19:1~10, 20:1~42

본문 속으로

다윗이 블레셋의 장수 골리앗을 쓰러뜨린 후, 사울의 아들 요나단은 다윗에게 마음이 끌렸습니다. 그는 다윗을 자기 목숨처럼 사랑했습니다. 요나단은 왕의 자리를 물려받을 수 있는 왕의 아들입니다. 그런 그가 다윗에게 자신의 겉옷과 군복, 칼과 활과 허리띠까지 준 것을 보면, 그는 다윗이 이스라엘의 다음 왕으로 하나님이 세우신 사람이라는 것을 알았던 것 같습니다.

다윗은 사울이 맡기는 일마다 지혜롭게 행했고, 곧 이스라엘 군대의 장관이 되었습니다. 다윗과 군대가 블레셋 사람들을 무찌르고 사울과 함께 돌아오자 많은 사람이 노래하고 춤추며 그들을 환영했습니다. 여인들은 "사울이 죽인 자는 천천이요, 다윗은 만만이로다"(삼상 18:7)라고 노래했습니다.

이 말에 화가 난 사울은 다윗을 질투했습니다. 그는 다윗을 죽이려고 두 번이나 창을 던졌지만 모두 실패했습니다. 그러자 신하들과 아들 요나단에게 다윗을 죽이라고 명령을 내렸습니다. 그러나 다윗을 사랑하는 요나단은 그를 죽이지 말라고 사울에게 애원했습니다. 사울은 "여호와께서 살아 계심을 두고 맹세하거니와 그가 죽임을 당하지 아니하리라"(삼상 19:6)라고 약속했습니다.

얼마 후, 사울이 또다시 나쁜 영에 시달리게 되자 다윗이 사울 곁에서 수금(하프)을 연주했습니다. 그때 갑자기 사울이 창을 던져 다윗을 죽이려고 했습니다. 재빨리 몸을 피한 다윗은 사울에게서 도망쳤습니다.

사무엘상 20장을 보면 절망한 다윗이 요나단을 찾아가 이렇게 말합니다. "네 아버지 앞에서 내 죄가 무엇이기에 그가 내 생명을 찾느냐."

요나단은 아버지 사울이 다윗을 죽이려고 한다는 사실을 믿기 어려웠습니다. 그래서 그들은 사울의 진심을 알아보기로 했습니다.

초하루가 되어 사울과 함께 저녁 식사 자리에 앉은 요나단은 사울이 진심으로 다윗을 죽이고 싶어 한다는 것을 알게 되었습니다. 그는 다윗에게 이 소식을 전했고, 두 친구는 진심으로 슬퍼하며 서로 헤어졌습니다.

주제

하나님이 요나단을 통해
다윗의 목숨을 구하셨어요.

가스펠 링크

예수님은 우리를 친구라고 부르셨어요.
그리고 우리를 죄에서 구원하기 위해
죽으심으로 우리를 향한 사랑을 보여
주셨어요.

● ● 티칭 포인트

아이들에게 요나단이 다윗을 위해 어떤 일을 했는지 알려 주십시오. 왕의 아들이었던 요나단은 왕이 될 권한을 내려놓았고, 다윗을 위해 아버지에게 호소했으며, 결국에는 자신의 목숨까지 내어놓았습니다. 요나단의 인생은 죄인들의 위대한 친구이신 예수님을 생각나게 합니다. 예수님은 하늘의 보좌를 버리고 우리에게 오셨고, 우리를 구원하기 위해 목숨을 포기하셨으며, 지금도 우리를 위해 하나님께 호소하고 계심을 알려 주십시오.

---
†

다윗과 요나단이 친구가 되었어요 삼상 18:1~12, 19:1~10, 20:1~42

이새의 막내아들인 다윗은 불가능해 보이는 일을 해냈어요. 물매와 조약돌만으로 블레셋의 강한 장수인 골리앗을 죽인 거예요. 이제 다윗은 왕의 궁전에서 살게 되었어요. 사울의 아들 요나단은 다윗과 둘도 없는 친구가 되었답니다. 요나단은 자신의 겉옷과 군복, 칼과 활과 허리띠까지 모두 다윗에게 주었어요.

다윗은 사울이 맡긴 모든 일을 잘 해냈어요. 그러자 사울은 그를 군대의 높은 자리에 앉혔어요. 그러나 사울은 다윗을 질투했어요. 심지어 그를 죽이고 싶어 했어요. 이 사실을 알게 된 요나단이 다윗에게 말했어요. "내 아버지가 자네를 죽일 기회를 엿보고 계시니 내일 아침 은밀한 곳에 숨어 있게."

다음 날 아침, 요나단이 사울에게 물었어요. "지금까지 다윗은 아버지에게 도움이 되는 일만 했습니다. 그런데 왜 이유 없이 죄 없는 사람을 죽이려고 하십니까?" 이 말을 들은 사울은 다윗을 죽이지 않기로 약속했어요. 요나단은 다윗에게 이 기쁜 소식을 전했고, 다윗은 왕궁으로 돌아와 예전처럼 사울을 섬겼어요.

그러나 사울의 약속은 오래가지 않았어요. 얼마 후, 나쁜 영이 사울을 괴롭히자 다윗이 사울을 위해 하프를 연주했어요. 그런데 갑자기 사울이 창을 들어 다윗에게 던졌어요. 재빨리 몸을 피한 다윗은 사울에게서 도망쳤어요. 다윗은 요나단을 찾아가 사울이 자신을 죽이려 한다고 말했어요.

요나단은 다윗을 돕고 싶었어요. 다윗이 요나단에게 한 가지 계획을 말했어요. "내일은 *초하루입니다. 왕과 함께 특별한 저녁 식사를 하기로 되어 있지만 거기 가지 않고 숨어 있겠습니다. 만약 왕이 저를 찾으시면 '다윗이 급하게 고향 베들레헴에 가야겠다고 부탁해서 제가 허락했습니다'라고 말해 주십시오. 만약 왕이 화를 내시면 저를 죽이려고 작정하신 것으로 아십시오." 요나단은 사울이 어떻게 반응했는지 다윗에게 신호를 보내 알려 주기로 약속했어요.

초하루 저녁 식사 자리에서 사울은 "다윗이 왜 식사하러 나오지 않느냐?"라고 물었어요. 요나단은 "다윗이 베들레헴에 가게 해달라고 간절히 부탁하기에 보내 주었습니다"라고 대답했어요. 이 말은 들은 사울은 불같이 화를 내며 "다윗은 죽어야 한다!"라고 말했어요. 요나단이 사울에게 물었어요. "왜 다윗이 죽어야 합니까? 그가 무슨 짓을 했다고 그러십니까?" 그러자 사울이 창을 던져 요나단을 죽이려 했어요. 요나단은 크게 화를 내며 식탁을 떠났어요.

요나단은 다윗이 숨어 있는 들판으로 나갔어요. 그는 화살 세 발을 쏘며 하인에게 주워오라고 시켰어요. 그러고는 "화살이 네 앞에 있지 않으냐?"라고 소리 질렀어요. 그것은 사울이 다윗을 죽이려고 한다는 것을 알리는 신호였어요. 요나단이 자신의 하인을 돌려보내자, 다윗이 숨어 있던 곳에서 나왔어요. 다윗과 요나단은 함께 울며 작별 인사를 했어요.

★초하루 : 매달 첫째 날

● ● ● 가스펠 링크

다윗과 요나단은 진정한 친구였어요. 다윗과 요나단의 우정을 통해 우리의 친구가 되신 예수님을 생각하게 되어요. 예수님은 우리를 친구라고 부르셨어요(요 15:15). 그리고 우리를 죄에서 구원하기 위해 죽으심으로 우리를 향한 사랑을 보여 주셨어요.

가스펠 준비 10~20분

👑 환영

도착하는 아이들을 반갑게 맞이하고 헌금, 출석, QT 등을 확인하며 격려한다. 새 친구가 있다면 소개한다. 편안한 분위기에서 안부를 물으며 오늘의 말씀과 관련된 화제로 이야기를 나눈다. 아이들에게 어떤 친구가 좋은 친구라고 생각하는지 이야기를 나누어 보라고 한다. 자발적으로 대화에 참여하도록 이끈다.

예) "가장 친한 친구를 소개해 주세요.", "친구의 가장 좋은 점이 무엇인가요?" 등.

— 친구는 하나님이 보내 주신 특별한 선물이에요. 하나님은 친구를 통해 우리를 격려하시고, 즐겁게 하시고, 우리를 향한 하나님의 사랑을 보여 주세요. 오늘은 성경 이야기를 통해 다윗의 목숨을 구한 한 친구를 만나볼 거예요.

💝 마음 열기

반갑구먼! 반가워요! *

① 아이들에게 두 명이나 세 명씩 팀을 만들라고 한다.

② 2분 동안 자기들만의 특별한 악수 방법을 만들고 연습하라고 한다. 악수는 단순하게 만들어도 좋고, 복잡하게 만들어도 좋다.

③ 2분 후에 아이들을 모으고, 팀별로 나와 특별한 악수를 보여 달라고 한다.

— 악수하는 법을 새로 만드는 것처럼 재미있고 특별한 일을 할 때는 친구가 꼭 필요하지요. 예수님을 사랑하는 친구들이 있다는 것은 정말 큰 축복이에요. 우리는 이런 친구들과 함께 예수님이 하신 일들을 이야기하거나 하나님을 믿고 의지하도록 서로 도와줄 수 있어요. 하나님은 다윗의 친구 요나단을 사용하셔서 놀라운 일을 하셨어요! 무슨 일인지 알고 싶나요?

너하고 나는 친구 되어서 *

① '꼭꼭 약속해' 노래를 함께 불러 본다.

　너하고 나는 친구 되어서 / 사이좋게 지내자

　새끼손가락 고리 걸고 / 꼭꼭 약속해

② 노래 가사에 맞게 율동을 만들어 아이들에게 시범을 보인다.

　예) "새끼손가락 고리 걸고 꼭꼭 약속해!"(새끼손가락을 마주 걸고 약속하듯이

흔든다) 등.

③ 아이들에게 두 명씩 짝을 지으라고 한 뒤, 서로 마주 보고 노래를 부르며 율동을 하게 한다.

④ 짝을 바꾸어 2~3번 반복한다.

— 친구들과 사이좋게 지내자고 약속하니 기분이 어땠나요? 오늘 만난 친구에 대해 얼마나 잘 알고 있나요? 오늘의 성경 이야기는 마치 형제처럼 사이가 좋았던 두 친구에 관한 이야기예요. 다윗과 요나단의 이야기를 함께 살펴보도록 해요.

가스펠 설교

 15~30분

들어가기

[준비물] 왕 복장(가운, 왕관), 왕의 홀, 선물 포장된 상자

왕 복장을 하고, 홀과 선물 상자를 들고 등장한다.

안녕하세요, 여러분! 혹시 아이들이 알 만한 선생님의 이름을 보셨나요? 그 사람이 나랑 제일 친한 친구라는 것 알고 있었나요? 아무도 몰랐군요. 제일 친한 친구랍니다. 나의 친구에게 오랜만에 선물을 주려고 해요. "나의 하나뿐인 친구야, 항상 고마워!" 선물 상자를 건네준다. 여러분, 우리는 친구와 이것저것 함께하는 것을 좋아하고, 함께 웃는 것도 좋아해요. 여러분은 친구와 무엇을 할 때 가장 즐거운가요? 아이들이 친구들과 함께하고 싶은 일이 무엇인지 이야기할 시간을 준다. 친구들과 함께 정말 재미있는 것들을 많이 했네요! 저도 방금 여러분이 이야기한 몇 가지를 친구와 함께해 봐야겠어요.

연대표

자, 우리 이제 함께 연대표를 볼까요? 연대표를 가리킨다.

이스라엘이 왕을 달라고 했어요

하나님이 사울을 버리셨어요

다윗이 골리앗과 맞섰어요

다윗과 요나단이 친구가 되었어요

하나님이 다윗과 언약을 맺으셨어요

다윗이 하나님께 죄를 지었어요

몇 주 전 우리는 이스라엘의 왕이 된 사울에 대해 배웠어요. 그런데 사울은 하나님께 순종하지 않아 왕의 자리에서 쫓겨났지요. 지난주에는 이스라엘의 새로운 왕이 될 사람으로 골리앗을 무찌른 다윗에 대해 배웠어요. 오늘 성경 이야기의 제목은 "다윗과 요나단이 친구가 되었어요"예요. 정말 멋져요! 믿을 수 있는 친구가 있다는 건 정말 중요한 일이에요. 다윗처럼 왕에게 미움을 받는 사람이라면 더더욱 그렇겠지요.

성경의 초점

왕 이야기가 나와서 말인데, 혹시 '성경의 초점'이 무엇인지 기억하나요? **우리의 왕은 누구인가요? 예수님이 우리의 영원한 왕이세요. 예수님은 온 세상을 다스리세요.** 예수님은 우리의 친구세요. 왕과 친구가 될 수 있다니, 정말 신나는 일이에요!

성경 이야기

사무엘상 18장 1~12절, 19장 1절~10절, 20장 1~42절을 펴고, 설교 영상(지도자용 팩)을 보여 주거나 이야기 성경을 들려준다.

다윗과 요나단의 우정은 모두가 부러워할 만큼 진실했어요. 요나단은 다윗을 자신의 목숨처럼 아끼고 사랑했어요. 하지만 요나단의 아버지인 사울은 다윗을 좋아하지 않았어요. 오히려 다윗을 미워했지요. 사람들이 사울보다 다윗을 더 좋아하는 것에 질투가 났고, 하나님이 다윗과 함께하시는 것에 화가 났어요. 사울은 다윗을 죽이고 싶었어요! 하지만 요나단은 다윗이 죽는 것을 바라지 않았어요. 하나님은 다윗을 새로운 왕으로 선택하셨기 때문에 요나단을 통해 그의 목숨을 구하셨어요.

함께 생각해 볼까요? 요나단은 이스라엘의 왕자였어요. 왕의 아들이었지요. 보통 왕은 자기 아들에게 왕좌를 물려주어요. 원래대로라면 요나단이 다음 왕이 될 사람이었지요. 그런데 하나님은 다윗을 왕으로 세우셨고, 요나단도 그 사실을 알고 있었어요. 요나단은 왕자의 권리를 기꺼이 내려놓고 다윗이 왕이 될 수 있도록 도와주었어요. 왕국을 가지는 것보다 하나님의 계획이 이루어지는 것을 더 바랐기 때문이에요.

마찬가지로 하나님의 오른편에는 예수님의 자리가 있었어요. 예수님은 하늘나라에서 영원히 하나님과 함께하실 수 있었지만, 자신의 권리를 내려놓고 이 땅에 오셨어요. 예수님은 우리를 죄에서 구하시기 위해 기꺼이 자기 목숨을 내놓으셨어요! 예수님이야말로 우리의 가장 좋은 친구랍니다!

복 / 습 / 질 / 문

1 요나단이 다윗에게 우정의 표시로 선물한 것 중 두 가지만 말해 보세요.

겉옷, 군복, 칼, 활, 띠 (삼상 18:4)

2 사울은 왜 다윗을 질투했나요?

사람들이 사울보다 다윗이 행한 일을 더 칭찬했기 때문이다 (삼상 18:8~9)

3 사울이 다윗을 죽이려고 그에게 던진 것은 무엇인가요?

창 (삼상 18:10)

4 요나단은 다윗에게 소식을 전하기 위해 어떤 신호를 사용했나요?

화살을 쏘았다 (삼상 20:20)

5 우리의 왕은 누구인가요?

예수님이 우리의 영원한 왕이세요. 예수님은 온 세상을 다스리세요.

복음 초청

성경과 120쪽 복음 초청 가이드를 이용해서 아이들에게 그리스도인이 되는 법을 설명해 준다. 따로 상담해 줄 사람을 정해 주고 궁금한 점이 있으면 물어보도록 격려한다.
이 시간 예수님을 마음에 모시고 싶은 친구는 함께 기도해요.

기도

하나님, 다윗과 요나단의 우정을 통해 우리의 친구 되신 예수님을 떠올려 봅니다. 예수님을 보내 주셔서 우리를 죄에서 구원하신 하나님을 찬양합니다. 우리를 친구 삼아 주신 예수님을 기억하며 언제나 감사하는 마음을 갖게 해주세요. 예수님의 이름으로 기도합니다. 아멘.

찬양

우리의 왕

사람들은 말했죠 왕을 달라고
왕이신 하나님께 왕을 구했죠

사람들은 원했죠 왕의 나심을
왕이신 예수님을 못 박았죠

하나님의 아들 다윗의 자손
예수는 나의 주 영원하신 왕

거룩한 보좌로 다스리소서
예수는 나의 주
우리의 왕 우리의 왕.

※지도자용 팩 또는 가스펠 프로젝트 홈페이지(gospelproject.co.kr)에서 이용하세요.

적용

TIP 설교 도입이나 적용으로 활용하거나 영상을 본 뒤 소그룹으로 나누어 풍성한 대화를 이어 갈 수 있습니다.

만약 어떤 사람이 여러분의 목숨을 구해 준다면 그 사람에게 고마운 마음이 들까요? 날 구해 준 사람의 친구가 되고 싶을까요? 다음 영상을 보면서 한번 생각해 보세요.

적용 예화 영상(지도자용 팩)을 보여 준다.

다른 사람을 위해 '목숨을 내어놓는다'라는 말의 의미에 대해 아이들과 이야기를 나눈다. 그것이 과연 진짜 죽는 일만 의미하는 것인지 물어보고, 우리가 다른 사람들을 섬기기 위해 할 수 있는 일에는 어떤 것들이 있는지 함께 이야기를 나누어 본다.

예수님은 우리를 살리기 위해 자신의 목숨을 내어놓으셨어요. 그 말은 예수님이 자신의 생명보다 우리를 더 중요하게 생각하신다는 뜻이에요! 성경은 이보다 더 큰 사랑이 없다고 말하고 있어요(요 15:13 참조). 예수님이 우리에게 참된 친구가 되어 주셨기 때문에 우리도 다른 사람들에게 진짜 친구가 되어 줄 수 있어요. 예수님은 우리를 위해 자신의 생명을 주셨어요! 예수님은 우리가 만날 수 있는 가장 좋은 친구예요. 우리 함께 예수님을 찬양해요!

가스펠 소그룹

10~20분

나침반

말씀을 채워요!

[준비물] 학생용 교재 24쪽, 연필이나 색연필

> 하나님은 온 땅의 왕이심이라
> 지혜의 시로 찬송할지어다
> 하나님이 뭇백성을 다스리시며
> 하나님이
> 그의 거룩한 보좌에 앉으셨도다
>
> 시편 47편 7~8절

① 아이들에게 빈칸에 들어갈 단어를 보기에서 찾아 시편 47편 7~8절을 완성하라고 한다.

② 아이들과 함께 완성된 문장을 여러 번 반복해 읽으며 익힌다.

── 시편47편 7~8절은 하나님이 온 땅의 왕이라 말해요. 하나님만이 우리의 왕이시고, 하나님의 백성인 우리를 다스리세요.

보물 지도

과녁을 맞혀라!

[준비물] 화살(다트) 세트, 마스킹 테이프, 성경

① 성경에서 사무엘상 20장 1~42절을 펴고, 아이들과 성경 이야기를 간단하게 복습한다.

② 벽에 테이프로 큰 사각형 모양을 만들어 붙이고, 그 안에 X자로 대각선이 되도록 테이프를 붙인다. X자 사이에 숫자 100, 80, 60, 40을 써서 과녁을 만든다.

③ 아이들을 두 팀으로 나누고, 각 팀에서 한 명씩 나오게 해 과녁에서 3~5m 떨어진 기준선에 세운다.

④ 인도자가 질문을 한 뒤 아이에게 먼저 과녁에 화살을 쏜 후 질문이 참인지 거짓인지 정답을 맞히라고 한다.

⑤ 정답을 맞히면 과녁에 맞은 점수를 팀 점수로 주고, 틀리면 상대

팀에게 문제를 맞힐 기회를 넘긴다.

1 다윗이 골리앗을 물리친 후, 다윗과 요나단은 좋은 친구가 되었어요.

참 (삼상 17:57~18:1)

2 요나단은 다윗에게 자기 모자와 신발, 그리고 가장 아끼는 책을 주었어요.

거짓, 요나단은 다윗에게 자기의 겉옷, 군복, 칼, 활, 띠를 주었다 (삼상 18:4)

3 요나단도 사울처럼 다윗이 죽어야 한다고 생각했어요.

거짓, 요나단은 다윗이 아무런 잘못도 저지르지 않았다고 말했다 (삼상 19:4~5)

4 다윗은 사울이 자기에게 화가 나 있는지 보기 위해 일부러 초하루 저녁 식사에 나가지 않았어요.

참 (삼상 20:5)

5 사울은 다윗이 식사에 빠져도 신경 쓰지 않았어요.

거짓, 사울은 화를 냈다 (삼상 20:30)

6 다윗과 요나단은 언제나 좋은 친구로 남기로 약속했어요.

참 (삼상 20:42)

── 다윗과 요나단은 진정한 친구였어요. 요나단은 다윗의 생명을 구하기 위해 자신의 목숨을 아끼지 않았지요. 다윗과 요나단의 이야기를 보면 예수님이 생각나요. 우리의 친구 되신 예수님은 우리를 위해 목숨을 내어 주셨고, 우리를 향한 하나님의 사랑을 보여 주셨어요.

탐험하기

내 친구 예수님

[준비물] 학생용 교재 25쪽, 연필이나 색연필

① 예수님이 나의 가장 친한 친구라고 생각해 보고, 실생활에서 어떤 모습으로 지낼지 상상해 보라고 한다.

② 그림 속의 상황에서 예수님과 나의 모습을 그려 보며 예수님을 구체적으로 느끼게 한다.

③ 아이들에게 가장 친한 친구를 떠올리게 하고 그 친구가 예수님을 알고 있는지, 만약 그렇지 않다면 친구에게 예수님을 어떻게 소개하면 좋을지 이야기를 나누어 본다.

── 예수님은 우리를 사랑하세요. 우리의 친구가 되시고,

언제나 함께하시지요. 주변에 예수님이 꼭 필요한 친구가 있나요? 그 친구에게 참 좋은 친구 예수님을 전해 주세요.

예시

세 겹줄 팔찌 만들기 *

[준비물] 성경, 다양한 색의 십자수실, 테이프

① 성경에서 전도서 4장 12절을 찾아 아이들과 함께 읽는다. 이 말씀의 의미가 무엇인지 아이들에게 물어본다.

② 아이들에게 세 가지 색의 실을 고르게 한다. 세 가지 색 실을 모아 한쪽 끝을 묶은 다음 세 가닥을 꼬아서 끈을 만드는 법을 보여 준다.

③ 아이들이 매듭을 묶고 실을 꼬는 것을 도와준다.

—— 친구와의 우정에 하나님을 초대한다면, 그 우정은 이전보다 훨씬 더 강해질 거예요. 왜냐하면 하나님은 친구와 우리를 하나가 되게 도와주시기 때문이에요. 직접 만든 '세 겹으로 꼰 줄'을 보면서, 친구와의 우정에 하나님을 모셔야 한다는 것을 기억하기로 해요.

너랑 나랑 함께! *

[준비물] 풍선이나 공

① 아이들에게 바람을 넣은 풍선을 하나씩 준다. 풍선을 머리에 이고, 교실의 한쪽 끝에서 반대쪽 끝까지 걸어가라고 한다. 단, 풍선을 떨어뜨리지 않아야 하고 손은 쓸 수 없다고 말해 준다.

—— 이 임무를 혼자 해낸다는 건 불가능한 일 같군요. 이번에는 여러분을 도와줄 친구와 짝을 지어 보세요. 여전히 걸어가면서 손을 쓸 수 없어요.

② 아이들에게 다시 도전할 기회를 준다.

③ 방법을 찾지 못해 힘들어하면, 친구와 이마를 맞대고 그사이에 풍선이나 공을 넣어 옮겨 보라고 말해 준다.

—— 아주 잘했어요! 힘을 합쳐 임무를 완성해 냈군요! 오늘의 성경 이야기 속의 두 친구 다윗과 요나단도 서로 힘을 합쳐 하나님의 계획을 이루어 냈답니다.

 ## 보물 상자

나만의 기록장

[준비물] 학생용 교재 26쪽, 연필이나 색연필

① 예수님이 우리의 가장 좋은 친구라는 것을 어떻게 알 수 있는지 아이들과 이야기를 나누어 본다. 아이들의 생각을 그림이나 글로 표현해 보라고 한다.

② 성경에서 요한복음 15장 15절과 로마서 5장 8절을 찾아 함께 읽는다. 아이들이 예수님에 대해 구체적으로 생각해 볼 수 있도록 이야기를 나눈다.

—— 우리의 왕은 누구인가요? 예수님이 우리의 영원한 왕이세요. 예수님은 온 세상을 다스리세요. 우리는 슬프거나 힘들 때 예수님이 우리에게 가장 좋은 친구가 되어 주신다는 것을 기억해야 해요. 예수님은 우리를 죄에서 구하시고, 성령님을 보내 우리를 위로하고 인도해 주세요.

메시지 카드

이번 주 메시지 카드로 부모님과 함께 오늘 배운 성경 이야기를 나누어 보라고 한다.

기도

하나님, 온 세상의 왕이신 예수님을 우리에게 보내 주셔서 감사합니다. 예수님이 우리를 친구라고 부르시니 정말 기뻐요! 믿지 않는 친구들에게 친구 되신 예수님을 전할 수 있도록 함께해 주세요. 예수님의 이름으로 기도합니다. 아멘.

5

하나님이 다윗과 언약을 맺으셨어요

삼하 7장

단원 암송

하나님은 온 땅의 왕이심이라
지혜의 시로 찬송할지어다
하나님이 뭇 백성을 다스리시며
하나님이 그의 거룩한 보좌에
앉으셨도다(시 47:7~8).

성경의 초점

우리의 왕은 누구인가요?
예수님이 우리의 영원한 왕이세요.
예수님은 온 세상을 다스리세요.

본문 속으로

시간이 지나도 다윗의 형편은 크게 나아지지 않았습니다. 사울은 몇 번이나 그를 죽이려 했고, 다윗은 목숨을 부지하기 위해 도망을 다녀야 했습니다. 하지만 다윗을 왕으로 정하신 하나님은 신실한 분이셨습니다. 사무엘하 7장에 앞서 요나단은 블레셋과의 전쟁에서 죽임을 당했습니다. 전쟁에서 패배한 사울 역시 자신의 칼 위로 엎드러져 죽었습니다. 사울이 죽은 후, 다윗이 이스라엘의 왕이 되었습니다. 왕의 자리에 오른 다윗은 이방 나라에 있던 하나님의 궤를 예루살렘으로 가져와 장막 안에 두었습니다.

다윗은 이스라엘을 다스렸고, 하나님은 다윗과 그의 나라를 적들로부터 지켜 주셨습니다. 어느 날 다윗은 무엇인가 옳지 않다는 생각이 들었습니다. 자신은 웅장한 궁전에서 살고 있는데, 하나님의 궤는 장막에 있다니! 다윗은 하나님을 위해 성전을 짓기로 마음먹었습니다. 그날 밤 하나님은 선지자 나단에게 다윗에게 전할 말씀을 주셨습니다. "네가 나를 위하여 내가

살 집을 건축하겠느냐. 내가 이스라엘 자손을 애굽에서 인도하여 내던 날부터 오늘까지 집에 살지 아니하고 장막과 성막 안에서 다녔나니"(삼하 7:5~6).

하나님은 양을 치는 목자였던 다윗을 이스라엘의 왕으로 만든 분이 곧 하나님이셨음을 기억하게 하셨습니다! 하나님은 이제 이스라엘 백성에게 한 곳을 주어 거기에서 살게 하고, 더는 옮겨 다니지 않게 하겠다고 약속하셨습니다. 또한 모든 원수로부터 구해 내어 평안히 살게 하겠다고 약속하셨습니다.

하나님은 당신을 위해 집을 지으려는 다윗의 소원을 허락하지는 않으셨지만, 그 마음을 기쁘게 여기셨습니다. 하나님은 다윗의 집을 세워 주시겠다고 약속하셨습니다. "…여호와가 너를 위하여 집을 짓고 네 수한이 차서 네 조상들과 함께 누울 때에 내가 네 몸에서 날 네 씨를 네 뒤에 세워 그의 나라를 견고하게 하리라 그는 내 이름을 위하여 집을 건축할 것이요 나는 그의 나라 왕위를 영원히 견고하게 하리라"(삼하 7:11~13). 하나님이 다윗에게 이스라엘의 왕들이 그의 자손 중에서 나올 것이며, 그의 나라가 영원할 것이라고 약속하신 것입니다.

주제

하나님은 예수님이 다윗의 자손으로 오실 것이라고 약속하셨어요.

가스펠 링크

하나님은 예수님을 다윗의 자손으로 보내셨어요. 예수님은 하나님의 백성을 영원히 다스리시는 우리의 왕이세요.

●●● 티칭 포인트

하나님이 다윗과 맺은 언약을 가르칠 때, 아이들이 영원한 다윗 왕국의 중요성을 잘 이해할 수 있도록 도와주십시오. 하나님이 다윗에게 하신 약속은 궁극적으로 그의 가장 중요한 자손인 예수 그리스도를 통해 성취되었음을 말해 주십시오. "그가 큰 자가 되고 지극히 높으신 이의 아들이라 일컬어질 것이요 주 하나님께서 그 조상 다윗의 왕위를 그에게 주시리니 영원히 야곱의 집을 왕으로 다스리실 것이며 그 나라가 무궁하리라"(눅 1:32~33).

하나님이 다윗과 언약을 맺으셨어요 삼하 7장

하나님의 계획대로 다윗이 이스라엘의 새로운 왕이 되었어요. 하나님이 다윗을 적들로부터 지켜 주셔서, 다윗은 왕궁에서 평안하게 지내게 되었지요. 어느 날 다윗이 선지자 나단에게 말했어요. "나는 여기 *백향목 왕궁에 사는데 하나님의 궤는 아직도 장막에 있습니다." 다윗이 생각할 때 그것은 옳지 않게 보였어요. 다윗은 하나님을 위해 하나님의 궤를 둘 성전을 짓고 싶었어요. 그래서 나단에게 자신의 계획을 이야기했어요. 나단은 "하나님께서 왕과 함께하시니 왕께서 마음에 두신 일이 있다면 무엇이든 그대로 하십시오"라고 말했어요.

그날 밤 하나님이 나단에게 다윗에게 전할 말씀을 주셨어요. "다윗아, 네가 나를 위해 내가 있을 집을 지으려고 하느냐? 나는 이스라엘 백성을 이집트에서 데리고 나온 날부터 지금까지 집에 머문 적이 없다. 나는 지금까지 장막을 나의 집으로 삼아 이리저리 옮겨 다녔다." 하나님은 양 치는 목자였던 다윗이 지금 이스라엘의 왕이 된 것은 모두 하나님이 하신 일이라고 말씀하셨어요. 그러고는 다윗에게 약속의 말씀을 주셨어요. 이스라엘 백성에게 땅을 주어 앞으로 여기저기 옮겨 다니지 않고 한 곳에서 살 수 있게 하겠다고 약속하셨어요. 그뿐만 아니라 모든 원수로부터 구해 내어 평안히 살게 하겠다고도 약속하셨지요.

하나님의 약속은 여기서 끝난 것이 아니었어요. 하나님을 위해 성전을 지으려는 다윗의 마음을 기쁘게 받으신 하나님은 또 다른 약속을 하셨어요. "다윗아, 이제 내가 너의 집안을 왕의 집안으로 만들겠다. 네가 죽으면 너의 자손 중에서 왕을 세울 것이다. 그는 나라를 튼튼하게 할 것이며, 그가 나를 위해 집을 지을 것이다. 나는 그를 사랑하며 결코 그를 떠나지 않겠다. 이스라엘의 왕은 항상 너의 자손 중에서 나올 것이며, 너의 나라는 영원할 것이다." 나단은 다윗에게 이 모든 말씀을 전했어요.

다윗은 하나님의 궤를 위해 세운 장막에 들어갔어요. 그리고 하나님 앞에 앉아 기도했어요. "주 하나님, 저는 주님께서 저를 위해 해주신 어떤 것도 받을 자격이 없는 자입니다. 그런데도 주님은 더 큰 일을 하시겠다고 약속하셨습니다! 주님, 주님은 정말 위대하십니다! 주님과 같은 분은 이 세상에 없습니다! 주님은 이스라엘을 주님의 백성으로 삼으시고, 이집트에서 노예로 살던 그들을 구하셨습니다. 하나님, 부디 저와 제 자손에게 하신 약속을 이루어 주십시오. 주님은 신실한 분이시므로 약속하신 것을 이루시리라 믿습니다."

*백향목 : 성전과 왕궁 등 최고급 건축에 많이 사용되는 소나무과에 속하는 나무

●● 가스펠 링크

하나님은 다윗에게 이스라엘의 모든 왕이 그의 자손 중에서 나올 것이며, 그의 나라가 영원할 것이라고 약속하셨어요. 하나님은 구원자 예수님을 다윗의 자손으로 보내심으로 약속을 지키셨어요. 예수님은 하나님의 백성을 영원히 다스리시는 우리의 왕이세요.

가스펠 준비 10~20분

환영

도착하는 아이들을 반갑게 맞이하고 헌금, 출석, QT 등을 확인하며 격려한다. 새 친구가 있다면 소개한다. 편안한 분위기에서 안부를 물으며 오늘의 말씀과 관련된 화제로 이야기를 나눈다. 아이들에게 누군가와 특별한 약속을 한 후 그대로 지킨 적이 있는지 물어본다. 있다면 기분이 어땠는지 이야기해 달라고 한다. 자발적으로 대화에 참여하도록 이끈다.

예) "부모님과 특별한 약속을 해본 적이 있나요?", "약속이 지켜졌을 때 기분이 어땠나요?" 등.

===== 누군가 우리에게 무엇을 해주기로 약속하면 그 약속이 이루어질 때까지 마음이 들뜨지요. 그런데 만약 그 사람이 약속을 지키지 않으면 어떻게 될까요? 아마 아주 크게 실망할 거예요. 하지만 하나님에 대해서는 그런 걱정을 할 필요가 없어요. 하나님은 언제나 약속을 잘 지키시니까요. 오늘 우리는 하나님이 다윗에게 하신 특별한 약속, 즉 언약에 대해 배우게 될 거예요.

마음 열기

왕좌를 차지하라 *

[준비물] 의자(방석, 도화지), 찬양 한 곡

① 의자를 아이들의 수보다 하나 적게 준비하여 둥글게 배치한다.

② 의자 중 하나는 리본이나 장식품을 이용해 왕좌로 꾸며 둔다.

③ 찬양이 시작되면 아이들에게 의자 주위를 돌다가, 중간에 인도자가 찬양을 멈추면 앞에 있는 의자에 앉으라고 말한다.

④ 의자를 차지하지 못한 아이는 탈락한다. 의자 하나를 빼고 ③번부터 다시 진행한다.

⑤ 게임을 시작할 때 의자의 개수는 자유롭게 빼도 된다. 마지막 의자(왕좌)만 남을 때까지 게임을 반복한다.

===== 잘했어요. 이 마지막 의자는 어떤 점이 다른가요? 이것은 왕좌예요. 오늘의 성경 이야기에서 하나님은 다윗에게 왕좌와 관련된 약속을 하셨어요. 하나님이 다윗에게 하신 약속이 무엇인지 알고 싶다면 성경 이야기를 잘 들어 보세요.

나는 왕이 될 거야! *

[준비물] 종이 왕관 5개

① 아이들을 둥글게 세우고, 한가운데 종이 왕관을 둔다.

② 인도자는 원의 가운데 서서 팔을 높이 올리고, 아이들 모두와 함께 가위바위보를 한다.

③ 인도자를 이긴 아이들에게 재빠르게 원 안에 있는 왕관을 집어 머리에 쓰라고 한다.

④ 왕관을 획득한 아이들은 원 밖으로 나간다. 왕관을 다시 원 가운데 놓은 뒤 아이들과 가위바위보를 한다.

⑤ 남은 인원보다 왕관의 수를 조금 적게 조절하여 게임을 진행하고, 마지막에 한 명이 남았을 때 왕관을 씌워 주며 마지막 왕이 되었다고 격려하며 마무리한다.

===== 아주 잘했어요, 여러분. 마지막까지 모든 친구가 왕이 되었지요? 하나님은 다윗을 이스라엘의 새로운 왕이 되게 하셨어요. 그리고 다윗에게 앞으로 오실 왕에 대해 약속하셨어요. 하나님이 다윗에게 하신 약속이 무엇인지 오늘의 성경 이야기를 잘 들어 보세요.

가스펠 설교

 들어가기

[준비물] 왕 복장(가운, 왕관), 왕의 홀, 가족 사진

왕 복장을 하고, 홀과 가족 사진을 들고 등장한다. 앞 시간에 만든 왕좌가 있다면 거기에 앉아도 좋다.

안녕하세요, 여러분! 저는 제 가족을 너무나 사랑해요. 이 멋진 사진을 좀 보시겠어요? 사진을 가지고 호들갑을 떨며, 모든 아이가 볼 수 있도록 시간을 준다. 하나님이 이 세상을 처음 만드시던 그때 가족을 만드셨다는 것을 알고 있나요? 하나님은 우리를 아껴주고, 도와주고, 함께 살아갈 사람이 우리 곁에 필요하다는 것을 알고 계셨어요. 그래서 가족을 주셨지요. 가족은 하나님이 주신 선물이에요.

 연대표

우리 가족에 대해서라면 온종일 이야기할 수도 있겠지만, 오늘의 성경 이야기를 시작하는 것이 더 좋을 것 같군요. 연대표를 보면서 지난 성경 이야기들을 간단하게 복습한 후, 오늘의 성경 이야기 부분을 가리킨다. 연대표에 나와 있는 오늘의 성경 이야기의 제목은 무엇인가요? 바로 "하나님이 다윗과 언약을 맺으셨어요"예요. 언약이라는 말은 특별한 약속이라는 뜻이에요. 저는 하나님이 다윗에게 어떤 특별한 약속을 하셨는지 몹시 궁금해요.

다윗이 골리앗과
맞섰어요

다윗과 요나단이
친구가 되었어요

하나님이 다윗과
언약을 맺으셨어요

다윗이 하나님께
죄를 지었어요

 성경의 초점

하나님이 다윗에게 하셨다는 그 약속이 혹시 1단원의 '성경의 초점' 질문과 관련있는 건 아닐까요? 함께 '성경의 초점'을 봅시다. **우리의 왕은 누구인가요? 예수님이 우리의 영원한 왕이세요. 예수님은 온 세상을 다스리세요.**

성경 이야기

사무엘하 7장을 펴고, 설교 영상(지도자용 팩)을 보여 주거나 이야기 성경을 들려준다.

다윗은 하나님을 위해 멋진 성전을 짓고 싶었어요. 그의 생각에 하나님은 장막보다 훨씬 더 근사한 곳에 계셔야 할 것 같았거든요. 하나님은 다윗과 비교도 할 수 없을 만큼 위대한 분이시니까요. 하나님을 사랑하는 다윗은 하나님을 높여 드리고 싶었어요.

그러나 하나님께는 다른 계획이 있었어요. 오히려 다윗에게 복을 주시고 그를 높일 준비를 하고 계셨지요. 하나님은 다윗에게 앞으로 그의 자손들이 이스라엘의 왕이 될 것이라고 약속하셨어요.

성경 시대에는 누군가가 왕을 제거하면 그 왕을 대신해 새로운 왕이 왕좌를 차지할 수 있었어요. 하나님의 약속은 다윗의 자손들을 오랜 시간 동안 이런 위험에서 지켜 주시겠다는 뜻이었어요. 더 중요한 것은 구원자 예수님을 다윗의 자손으로 보내겠다고 약속하셨다는 점이에요. 하나님은 다윗에게 앞으로 이스라엘의 왕은 모두 그의 자손에게서 나올 것이며, 다윗의 나라가 영원히 계속될 것이라고 말씀하셨어요. 그리고 하나님의 아들이신 예수님을 다윗의 자손으로 보내심으로 이 약속을 지키셨어요.

우리는 예수님을 통해 하나님과 한 가족이 될 수 있어요. 우리가 예수님을 믿고 의지할 때 하나님의 자녀가 되지요. 예수님은 우리의 왕이시고, 하나님의 백성을 영원히 다스릴 분이세요. 이 약속을 믿어 보세요.

복 / 습 / 질 / 문

1 참, 거짓으로 대답해 보세요. 다윗과 이스라엘 사람들은 전쟁을 겪고 있었어요.

거짓, 하나님은 이스라엘 백성이 평안히 살게 하셨다 (삼하 7:1)

2 다윗은 하나님을 위해 무엇을 하고 싶었나요?

하나님을 위해 성전을 짓고 싶었다 (삼하 7:2)

3 참, 거짓으로 대답해 보세요. 나단은 다윗에게 하나님께 성전을 지어 드려도 된다고 했어요.

둘 다! 나단은 다윗에게 하고 싶은 대로 하라고 말했으나, 하나님이 나단을 통해 다윗에게 전하신 말씀은 달랐다 (삼하 7:3, 17)

4 하나님은 누가 하나님을 위한 성전을 짓게 될 것이라고 말씀하셨나요?

다윗의 아들 (삼하 7:12~13)

5 하나님의 약속을 받은 다윗은 무엇을 했나요?

하나님 앞(성막)에 들어가 감사의 기도를 드렸다 (삼하 7:18)

6 하나님은 다윗에게 하신 약속을 어떻게 지키셨나요?

하나님은 예수님을 다윗의 자손으로 보내 영원한 왕이 되게 하셨다 (마 1:1~17)

 ## 복음 초청

성경과 120쪽 복음 초청 가이드를 이용해서 아이들에게 그리스도인이 되는 법을 설명해 준다. 따로 상담해 줄 사람을 정해 주고 궁금한 점이 있으면 물어보도록 격려한다.

이 시간 예수님을 마음에 모시고 싶은 친구는 함께 기도해요.

 ## 기도

하나님, 다윗을 통해 언제나 약속을 지키시는 신실하신 하나님을 배웠습니다. 예수님을 다윗의 자손으로 보내시고, 예수님을 믿는 자에게 하나님의 자녀가 되는 축복을 주셔서 감사합니다. 매일 예수님을 신뢰하며 신실하신 하나님을 바라보게 해주세요. 예수님의 이름으로 기도합니다. 아멘.

 ## 적용

TIP 설교 도입이나 적용으로 활용하거나 영상을 본 뒤 소그룹으로 나누어 풍성한 대화를 이어 갈 수 있습니다.

아무 노력도 하지 않았는데 얼떨결에 아주 놀라운 일을 한 사람이 되었다면, 어떤 기분이 들까요? 그 질문을 생각하면서 다음의 영상을 같이 보기로 해요.

적용 예화 영상(지도자용 팩)을 보여 준다.

영상 속의 아이는 처음부터 모든 사람을 도와주기 위해서 물건을 만들었을까? 아이가 어떻게 느꼈을지 함께 상상해 보자고 한다. 예를 들어 아이는 뿌듯하거나 특별하거나 겸손하거나 복을 받은 것 같거나 등의 느낌이 들었을 것이다.

하나님의 계획은 실제로 누구에 대한 것인가요? (예수님) 다윗은 하나님의 계획을 위해 뽑힐 만한 특별한 자격이 있었나요? (없었어요.) 다윗은 하나님의 계획에 함께하게 되어 영광이었을까요? (네.) 우리는 어떻게 하나님의 계획에 참여할 수 있을까요? 아이들의 대답을 기다린다.

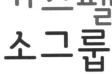

가스펠 소그룹

10~20분

 ## 나침반

제 자리 찾아 바꾸기

[준비물] 학생용 교재 30쪽, 연필이나 색연필

① 각 문장에 엉뚱하게 섞인 글자를 2개씩 찾아 ○표 하게 한다.

② ⌢로 글자를 맞바꿔 문장을 바르게 만들어 보라고 한다.

③ 시편 47편 7~8절이 완성되면 함께 큰 소리로 읽고, 자원자가 있다면 외워 보게 한다.

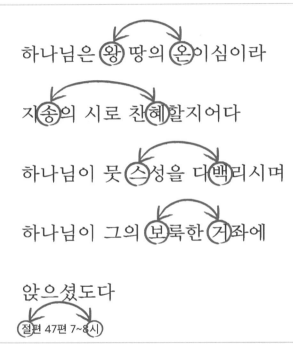

하나님은 ⟨왕⟩ 땅의 ⟨온⟩이심이라

지⟨송⟩의 시로 찬⟨혜⟩할지어다

하나님이 뭇 ⟨스⟩성을 다 ⟨백⟩리시며

하나님이 그의 ⟨보⟩룩한 ⟨거⟩좌에

앉으셨도다

⟨절편 47편 7~8시⟩

—— 시편 47편 7~8절을 보면 누가 모든 것을 돌보시고, 누가 우리의 왕인지 알 수 있어요. 예수님이 우리의 영원한 왕이세요. 예수님은 온 세상을 다스리세요.

 ## 보물 지도

왕좌를 차지하라!

[준비물] 마스킹 테이프, 탁구공이나 큰 탱탱볼(연령에 따라 공선택)

① 테이프로 바닥에 커다란 정사각형 모양을 만들어 붙인다.

② 정사각형 가운데에 십자 모양으로 테이프를 붙여 네 개의 작은 정사각형을 만든다. 작은 정사각형 중 하나에 왕 표시를 한다.

예) K, 별 모양 등.

③ 아이들을 한 줄로 세우고, 맨 앞에 선 4명에게 작은 정사각형 한 칸에 한 명씩 서게 한다.

④ 왕 표시가 있는 사각형 안에 있는 아이에게 공을 주고, 공을 한 번만 튕겨 옆 칸으로 넘기라고 한다.

⑤ 공을 받은 아이는 다음 칸 사람에게 공을 넘기라고 한다. (만약 공을 2번 이상 튕기거나, 칸 밖으로 나가거나, 옆 아이가 그 공을 잡지 못하면 탈락한다.)

⑥ 탈락한 아이는 밖으로 나오고, 나머지 아이들은 시계방향으로 돌아 자리를 바꾸게 한다. 기다리던 아이가 빈 사각형에 들어가게 한다.

⑦ 줄 서 있는 모든 아이에게 순서가 돌아갈 때까지 게임을 진행한다.

TIP 게임의 목적은 왕이 되거나, 왕의 자리를 최대한 오래 유지하는 것이다.

—— 네 개의 사각형 안에서 여러분은 어떻게든 왕의 자리로 가기 위해, 또는 가능한 한 왕의 자리에 오래 있기 위해 노력했어요. 하지만 조심하세요! 한 번만 실수해도 제일 낮은 자리로 떨어지게 되니까요!

 ## 탐험하기

꼬불꼬불 가족 미로

[준비물] 학생용 교재 31쪽, 연필이나 색연필

① 다윗의 조상이나 자손 중 기억나는 사람의 이름을 말해 보게 한다.

② 그림 한가운데 있는 다윗부터 시작해 위로 올라가면 다윗의 조상

들이, 아래로 내려가면 다윗의 후손들이 있다고 말해 준다.

③ 다윗의 가족을 살펴보며 미로를 빠져나가게 한다.

===== 하나님은 다윗에게 하신 약속을 지키셨어요. 다윗에게 자손을 주시고 그 자손 중에서 예수님이 태어나셨어요. 이렇게 하나님은 우리와 하신 약속을 꼭 이루세요. 우리도 우리에게 주신 하나님의 약속이 이루어질 것을 믿고 기도해요.

언약궤 릴레이 *

[준비물] 상자, 막대기 2개

① 아이들을 두 팀으로 나누고 두 명씩 짝을 짓게 한다.

② 아이들에게 *언약궤에 관해 설명해 준다. 언약궤를 드는 사람들은 제사장이었음을 알려 주고, 언약궤를 옮길 때는 아무 말도 하지 않고 조심스럽게 옮겨야 한다고 알려 준다.

  *언약궤 : 하나님의 임재를 상징하는 상자로, 언약(십계명)의 두 돌을 보관했던 상자

③ 각 팀에서 두 사람씩 나오게 하고, 앞뒤로 서서 양쪽 어깨에 막대기를 지라고 한다. 막대기 위에 상자를 올리고 교실을 한 바퀴 돌라고 한다.

④ 아이들이 게임 도중에 말을 하거나 상자(언약궤)를 떨어뜨리면 제자리로 보내 다시 시작하게 한다.

⑤ 다음 순서 아이들이 언약궤를 이어받아 교실을 한 바퀴 돈다.

⑥ 마지막 주자가 옮길 때까지 진행한 후 먼저 들어온 팀이 승리한다.

  TIP 상자는 두 막대기 위에 살짝 올려 놓는다.

===== 친구들이 언약궤를 옮겼던 것처럼 다윗도 하나님의 언약궤를 옮겨 왔어요. 그리고 자신이 사는 집보다 더 좋은 집에 하나님의 언약궤를 두고 싶었어요.

알록달록 왕관 만들기 *

[준비물] 종이 접시, 색연필 또는 사인펜, 가위, 스티커

① 종이 접시의 가운데를 6등분이 되게 선을 긋고, 색연필, 사인펜, 스티커 등으로 장식하게 한다. (종이 접시 크기에 따라 8등분을 해도 좋다)

② 선대로 자르고 자른 부분을 위로 접어 올린 뒤 장식을 마무리 하게 한다.

③ 다 함께 완성된 왕관을 쓰고 "예수님은 우리의 왕이세요!"라고 외친다.

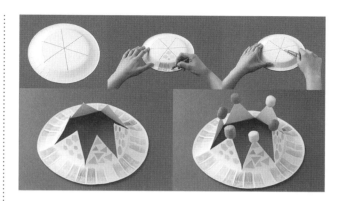

===== 신약성경을 보면 하나님은 예수님을 다윗의 자손으로 보내심으로 그와의 약속을 지키셨다는 것을 알 수 있어요. 왕이신 예수님은 하나님의 백성을 영원히 다스리세요. 예수님은 우리의 왕이세요.

보물 상자

나만의 기록장

[준비물] 학생용 교재 32쪽, 연필이나 색연필

① 왕이 하는 일이 무엇인지 이야기를 나누어 본다.

② 예수님이 영원한 왕이시라는 말이 무슨 뜻인지 그림이나 글로 표현해 보라고 한다.

===== 우리의 왕은 누구인가요? 예수님이 우리의 영원한 왕이세요. 예수님은 온 세상을 다스리세요. 하나님은 하나님의 아들 예수님을 보내서서 다윗에게 하신 약속을 지키셨어요. 다윗의 자손으로 오신 예수님은 모든 것을 다스리는 왕이세요.

메시지 카드

이번 주 메시지 카드로 부모님과 함께 오늘 배운 성경 이야기를 나누어 보라고 한다.

기도

하나님, 오늘 말씀을 통해 하나님의 약속은 언제나 변함이 없음을 깨달았습니다. 언제나 신실하신 예수님의 약속을 기억하게 도와주세요. 또한 예수님이 이 나라와 우리 가정과 나의 영원한 왕이심을 기억하게 도와주세요. 예수님의 이름으로 기도합니다. 아멘.

6

다윗이 하나님께 죄를 지었어요

삼하 11:1~12:14; 시 51편

성경의 초점

우리의 왕은 누구인가요?
예수님이 우리의 영원한 왕이세요.
예수님은 온 세상을 다스리세요.

본문 속으로

암몬 족속은 이스라엘에게 익숙한 적이었습니다. 그들은 요단 강 오른쪽에 펼쳐져 있는 길르앗 땅을 두고 다툼을 벌였습니다. 다윗은 암몬 사람들에게 친절을 베풀려고 했지만 그들은 이스라엘의 사신들을 모욕했고, 이로 인해 이스라엘과 암몬 사이에 전쟁이 일어났습니다(삼하 10:1~5 참조). 다윗의 범죄와 회복에 관한 이야기에는 이런 배경이 있습니다.

다윗은 이스라엘이 암몬과 전쟁을 치르는 중에도 예루살렘에 있는 왕궁에 머물렀습니다. 어느 날 저녁, 왕궁 옥상을 거닐던 다윗은 한 여인이 목욕하는 모습을 보게 되었습니다. 다윗은 사람을 보내 그 여인에 대해 알아보게 했습니다. 그리고 헷 사람 우리아의 아내 밧세바라는 것을 알게 되었습니다. 다윗은 밧세바가 이미 결혼했다는 사실을 알면서도 그녀를 왕궁으로 불러 동침했습니다.

아마도 다윗은 밧세바가 임신했다는 소식을 듣기 전까지는 자신의 죄가 발각되지 않고 넘어갈 것으로 생각했을 것입니다. 하지만 밧세바가 잉태한 아기가 남편의 아이가 아니라는 것은 너무나 명백한 사실이었습니다. 그녀의 남편 우리아는 지금 전쟁터에 있으니 말입니다.

다윗은 계획을 세웠습니다. 그는 전쟁터에 있는 우리아를 성으로 불러들여 부인과 함께 지내도록 시간을 주었습니다. 하지만 우리아는 집으로 가지 않았습니다. 전우들은 치열한 전쟁터에서 적과 싸우고 있는데 자기만 아내와 함께 있는 것이 옳지 않다고 생각했던 것입니다.

계획이 수포로 돌아가자 다윗은 다른 계획을 세웠습니다. 그는 군대 장관에게 편지를 한 통 보냈습니다. 편지에는 우리아를 싸움이 가장 맹렬한 곳에 배치하여 죽게 하라는 지시가 쓰여 있었습니다. 이번에는 다윗의 계획대로 되었습니다. 충성스럽게 싸우던 우리아는 죽었고, 다윗은 밧세바를 부인으로 맞이했습니다.

다윗이 한 일은 하나님 보시기에 악했습니다. 하나님은 선지자 나단을 보내어 다윗을 꾸짖으셨습니다. 이때 자신의 죄를 깨달은 다윗이 죄를 회개하며 고백한 내용이 시편 51편에 기록되어 있습니다. 다윗은 제사를 드리는 것으로는 하나님을 기쁘시게 하거나 자신의 죗값을 치를 수 없음을 잘 알았습니다. 하나님은 마음으로부터 우러나오는 다윗의 고백을 들으셨습니다. 그리고 그를 용서하고 회복시키셨습니다.

주 제

다윗이 죄를 회개하자 하나님이 용서하셨어요.

가스펠 링크

하나님이 죄를 지은 다윗을 용서하셨어요. 하지만 죄에는 언제나 대가가 따르지요. 예수님이 십자가에서 죽으심으로 우리의 죗값을 대신 치르셨기 때문에 우리도 하나님께 용서받을 수 있어요.

● ● ● 티칭 포인트

죄는 우리와 하나님의 관계를 끊어 놓습니다. 하나님과의 관계를 바르게 하기 위해서는 다윗과 같이 회개하는 마음이 필요하다는 것을 아이들에게 알려 주십시오. 예수님은 죄를 향한 하나님의 분노를 지고 십자가에서 죽으셨습니다. 그래야 우리가 예수님 안에서 다시 살아날 수 있기 때문입니다.

다윗이 하나님께 죄를 지었어요 <small>삼하 11:1~12:14; 시 51편</small>

다윗은 이스라엘의 왕이었어요. 왕에게는 전쟁에서 군대를 이끌어야 하는 책임이 있었지요. 하지만 다윗은 부하들만 전쟁에 내보내고 자신은 예루살렘 왕궁에 머물렀어요.

어느 날 저녁, 왕궁 옥상을 거닐던 다윗은 아름다운 한 여인을 보았어요. 다윗의 군인 중 한 명인 우리아의 아내 밧세바였지요. 다윗은 신하를 보내 밧세바를 왕궁으로 불렀어요. 얼마 후, 다윗은 밧세바가 아기를 가졌다는 소식을 들었어요. 바로 다윗의 아이였어요.

다윗은 자신의 행동이 잘못되었다는 것을 알았어요. 자기 아내가 아닌 사람과 아기를 가지는 것은 나쁜 일이니까요. 다윗은 사람들이 자신의 잘못을 눈치 채지 못하도록 한 가지 계획을 세웠어요.

다윗은 전쟁터에 있는 우리아를 왕궁으로 불러 전쟁터의 상황에 관해 이것저것 물었어요. 그러고는 집으로 가서 아내와 시간을 보내라고 말했어요. 하지만 우리아는 집으로 가지 않고 왕궁 문 앞에서 잠을 잤답니다.

계획이 실패하자 다윗은 다른 계획을 생각해냈어요. 이번에는 군대를 이끄는 요압에게 편지를 보냈어요. 편지에는 '우리아를 싸움이 가장 치열한 곳으로 보내 죽게 하라'라고 쓰여 있었어요. 요압은 우리아를 가장 위험한 전쟁터로 보냈고 충성스럽게 싸우던 우리아는 결국 죽고 말았어요. 다윗은 밧세바를 왕궁으로 데려와 아내로 삼았어요. 그리고 밧세바는 남자아이를 낳았어요.

다윗이 저지른 모든 잘못을 아시는 하나님은 다윗의 행동을 기뻐하지 않으셨어요. 하나님은 선지자 나단을 보내 다윗을 꾸짖으셨어요. 나단은 다윗에게 가축을 아주 많이 가지고 있는 한 부자의 이야기를 들려주었어요. 부자의 집에 나그네가 찾아왔는데, 그 부자가 가난한 사람의 하나뿐인 양을 빼앗아 나그네를 대접했다는 내용이었어요.

이야기를 들은 다윗은 화를 내며 "그 사람은 죽어야 한다!"라고 말했어요. 그러자 나단이 "왕이 바로 그 사람입니다"라고 말했어요. 하나님이 다윗에게 왕의 자리까지 주셨는데 다윗은 우리아를 죽이고 그의 아내를 빼앗았기 때문이지요.

다윗은 하나님께 죄를 지었다는 것을 깨달았어요. 죽어야 할 죄인은 바로 자신이었어요. 나단은 "왕은 죽지 않을 것입니다. 그러나 이번 일로 하나님께 죄를 지었으니, 왕의 아들은 죽을 것입니다"라고 말했어요.

다윗은 하나님께 자신의 죄를 고백하며 "하나님, 내 마음을 깨끗하게 만들어 주십시오"라고 기도했어요. 다윗은 어떤 제사로도 하나님을 기쁘시게 하거나 자신의 죗값을 치를 수 없다는 것을 깨달았어요. 하나님은 다윗의 마음이 죄를 뉘우치는 마음으로 바뀌기를 바라셨어요.

● ● 가스펠 링크

하나님은 죄를 지은 다윗을 용서하셨어요. 하지만 죄에는 언제나 대가가 따르지요. 하나님은 다윗의 목숨은 살려 주셨지만 그의 아들은 죽게 하셨어요. 우리가 예수님을 믿고 회개하면 우리의 죄도 하나님께 용서받을 수 있어요. 예수님이 십자가에서 죽으심으로 우리의 죗값을 대신 치르셨기 때문이에요. 예수님은 우리와 하나님의 관계를 회복시키기 위해 우리 대신 죽으셨어요.

가스펠 준비

10~20분

환영

도착하는 아이들을 반갑게 맞이하고 헌금, 출석, QT 등을 확인하며 격려한다. 새 친구가 있다면 소개한다. 편안한 분위기에서 안부를 물으며 오늘의 말씀과 관련된 화제로 이야기를 나눈다. 아이들에게 큰 잘못을 저질러 용서를 구해야 했던 경험이 있는지 물어본다. 반대로 다른 사람을 용서해야 했던 일도 이야기해 본다. 자발적으로 대화에 참여하도록 이끈다.

예)"부모님에게 야단맞았던 적이 있나요?", "나에게 잘못한 친구를 용서해 준 적이 있나요?" 등.

━━━ 다른 사람에게 용서를 구하는 것은 쉬운 일이 아니에요. 하지만 하나님은 우리가 죄에서 돌이켜 용서 구하기를 원하세요. 오늘은 다윗이 용서를 구해야 했던 이야기를 배워볼 거예요.

마음 열기

나는 누구일까요? *

[준비물] 색인 카드(성경 이야기 속 인물들의 이름)

① 지금까지 배운 성경 이야기 속 인물들의 이름을 미리 색인 카드에 써둔다. (연대표를 참조해도 좋다.)

② 자원자 한 명을 뽑아 카드를 뽑게 하고, 카드에 적힌 이름은 말하지 말라고 일러 준다.

③ 자리에 앉아 있는 아이들이 자원자에게 질문을 던지면 그 대답을 듣고 자원자가 누구의 이름을 뽑았는지 맞혀 보라고 한다.

④ 질문은 "예", "아니오"로 대답할 수 있는 형식이어야 한다고 말해 준다.

⑤ 정답을 맞히면, 정답을 맞힌 아이가 새 카드를 뽑게 한다.

━━━ 성경의 이야기들은 예수님을 보내 우리를 죄에서 구하시려는 하나님의 계획을 보여 주어요. 성경 속의 인물들은 좋은 일을 하기도 하고 나쁜 일을 하기도 했지요. 오늘 우리가 들을 성경 이야기는 죄를 지은 다윗에 관한 내용이에요.

똑바로 걸어가기 *

[준비물] 마스킹 테이프

① 교실 바닥에 테이프로 1.2~1.5m 길이의 선을 붙인다.

② 아이들을 두 팀으로 나누고, 각 팀에서 두 명씩 나와 코끼리 코를 하고 10바퀴를 돌라고 한다.

③ 다 돈 아이는 똑바로 서서 바닥에 붙여 놓은 선을 따라 걸어가라고 한다.

━━━ 여러분이 선을 따라 똑바로 걷는 것이 쉬웠나요? 아이들의 대답을 기다린다. 다윗은 하나님을 떠나 잘못된 일을 하고 있다는 것을 깨달았어요. 한 걸음씩 내디딜 때마다 상황이 점점 더 안 좋아졌지요. 하나님은 그런 다윗을 더 이상 사랑하지 않으셨을까요? 오늘의 성경 이야기를 통해 더 자세히 배워 보기로 해요.

6 | 다윗이 하나님께 죄를 지었어요

가스펠 설교

들어가기

[준비물] 왕 복장(가운, 왕관), 작은 칠판, 분필

왕 복장을 하고, 칠판과 분필을 들고 등장한다. 칠판에는 횟수를 기록하는 표시가 되어 있다.

책임자가 된다는 건 힘든 일이에요. 기억해야 할 것들이 너무 많죠! 저는 실수를 하거나 뭔가 깜빡할 때마다 이렇게 표시를 해요. 칠판을 보여 준다. 정말 많기도 하네요! 저의 힘으로는 이 실수들을 되돌릴 수 없어요. 하나님은 제가 한 잘못들을 용서해 주실까요? 아이들의 대답을 기다린다.

연대표

힘을 낼 수 있도록 도와주어서 감사해요! 그러고 보니 오늘 배울 성경 이야기가 생각나네요. 하지만 그 전에 우리가 지금까지 배운 것들을 돌아보기로 해요. 몇 주 전 우리는 이스라엘 백성이 하나님께 왕을 달라고 요구하는 것을 보았어요. 하나님이 그들의 진짜 왕이셨는데도 말이지요!

이스라엘이 왕을 달라고 했어요

하나님이 사울을 버리셨어요

다윗이 골리앗과 맞섰어요

다윗과 요나단이 친구가 되었어요

하나님이 다윗과 언약을 맺으셨어요

다윗이 하나님께 죄를 지었어요

하나님은 이 세상의 왕이 어떤 일을 할 것이라고 경고하셨나요? (백성의 자녀들을 전쟁터로 내보내고, 왕을 위해 일하게 할 것이다.) 하나님은 백성에게 사울을 왕으로 주셨어요. 사울이 어떤 잘못을 저질렀는지 기억하는 사람 있나요? (사울은 하나님의 말씀에 완전히 순종하지 않았어요.)

하나님은 사울을 대신 할 새 왕을 세우셨어요. 바로 다윗이었지요. 하나님은 사울의 아들 요나단을 통해 다윗을 안전하게 지켜 주기도 하셨어요. 다윗이 왕이 되자, 하나님은 그와 언약을 맺으셨지요. 하나님이 다윗에게 어떤 약속을 하셨는지 기억하는 사람 있나요? (예수님을 다윗의 자손으로 보내겠다고 약속하셨어요.) 오늘 배울 성경 이야기는 다윗이 하나님의 언약을 받은 다음에 일어난 일이에요. 제목은 "다윗이 하나님께 죄를 지었어요"에요.

성경의 초점

다윗은 좋은 왕이었지만 완벽한 사람은 아니었어요. 다윗도 죄를 지었지요. 우리는 항상 하나님께 순종하는 왕이 필요해요. 이것은 1단원의 '성경의 초점'과도 관련이 있어요. **우리의 왕은 누구인가요? 예수님이 우리의 영원한 왕이세요. 예수님은 온 세상을 다스리세요.** 하나님의 아들이신 예수님은 언제나 완벽하시죠. 예수님이야말로 최고의 왕이세요. 저 같은 사람이 아니라 예수님이 모든 것을 책임지고 계셔서 정말 안심이에요. 이제 성경 이야기로 돌아가 다윗에게 과연 무슨 일이 벌어졌는지 알아볼까요?

성경 이야기

사무엘하 11장 1절~12장 14절, 시편 51편을 펴고, 설교 영상(지도자용 팩)을 보여 주거나 이야기 성경을 들려준다.

오늘 성경 이야기의 첫 부분을 보면 다윗의 군대가 전쟁에 나갔다는 것을 알 수 있어요. 다윗도 그들과 함께 전쟁터에 나가야 했지만 나가지 않고 집에 있었어요. 그리고 밧세바와 죄를 지었고, 그 죄를 감추려고 했지요. 하지만 그로 인해 모든 일이 엉망이 되고 말았어요!

다윗은 자신의 죄를 감추기 위해 밧세바의 남편인 우리아를 전쟁터에서 죽게 했어요. 그리고 밧세바를 아내로 맞았지요. 그러나 하나님은 그가 한 일을 다 알고 계셨어요. 하나님은 선지자 나단을 보내 다윗을 꾸짖으셨어요. 다윗은 자신의 죄를 깨달았고, 하나님께 자신의 죄를 고백했어요. 하나님은 회개하는 다윗을 용서하셨지만 그 죄에 따른 결과가 있음을 말해 주셨어요.

죄는 죄를 지은 사람에게만 해로운 것이 아니에요. 다윗의 죄는 다윗 자신과 밧세바, 우리아 그리고 밧세바와 다윗 사이에서 태어난 아들에게까지 영향을 미쳤어요. 우리아와 아기는 결국 죽게 되었지요. 죄는 그만큼 무서운 것이랍니다. 그러나 우리에게는 좋은 소식이 있어요! 바로 예수님이지요. 예수님은 죄로 인해 죽을 수밖에 없는 우리를 위해 목숨을 버리셨어요. 아무 죄도 없이 십자가에서 죽으셨어요. 그리고 영원한 생명을 얻게 하시려고 무덤에서 살아나셨어요! 예수님은 우리의 완전한 왕이세요. 예수님을 믿고 자기의 죄를 고백하면 그 모든 죄를 깨끗이 씻어 주세요. 칠판에 적힌 실수의 표시들을 지운다. 그리고 우리가 거룩한 삶을 살 수 있도록 성령님을 보내 주세요. 하나님은 예수님을 믿는 사람들을 보실 때 그들의 죄를 보지 않고, 그들 안에 있는 예수님의 의로움만 보세요. 칠판에 십자가를 그리거나, 예수님이라고 글자를 쓴다.

복 / 습 / 질 / 문

1 다윗은 어디에 있었나요?

에루살렘에 있는 왕궁 (삼하 11:1)

2 밧세바는 누구였나요?

우리아의 아내 (삼하 11:3)

3 우리아는 어떻게 죽었나요?

다윗이 요압에게 편지를 보내 우리아를 맹렬한 전투 앞에서 싸우게 했다 (삼하 11:15~16)

4 하나님은 다윗의 잘못을 꾸짖기 위해 누구를 보내셨나요?

선지자 나단 (삼하 12:1)

5 하나님은 언제 다윗을 용서하셨나요?

다윗이 회개하자 하나님이 용서하셨어요.

6 우리의 왕은 누구인가요?

예수님이 우리의 영원한 왕이세요. 예수님은 온 세상을 다스리세요.

복음 초청

성경과 120쪽 복음 초청 가이드를 이용해서 아이들에게 그리스도인이 되는 법을 설명해 준다. 따로 상담해 줄 사람을 정해 주고 궁금한 점이 있으면 물어보도록 격려한다.

이 시간 예수님을 마음에 모시고 싶은 친구는 함께 기도해요.

기도

하나님, 왕이신 예수님을 보내 주셔서 그를 믿는 자들의 죄를 깨끗하게 해주셔서 감사합니다. 다윗을 통해 죄를 짓는 것이 단순히 나 혼자만의 문제가 아니라는 것을 배웠습니다. 우리의 죄를 고백할 수 있는 용기를 주세요. 예수님의 이름으로 기도합니다. 아멘.

적용

TIP 설교 도입이나 적용으로 활용하거나 영상을 본 뒤 소그룹으로 나누어 풍성한 대화를 이어 갈 수 있습니다.

미안하다고 말하면서 실제로는 미안하지 않았던 적이 있나요? 아니면 누군가가 여러분에게 사과하고 있지만 진심이 아니라고 느꼈던 적이 있나요? 이런 생각을 하면서 다음 영상을 같이 보기로 해요.

적용 예화 영상(지도자용 팩)을 보여 준다.

진심으로 미안하다는 것은 어떤 의미인지 아이들과 이야기를 나눈다. 죄를 회개한다는 말의 의미에 대해서도 함께 생각해 본다.

다윗은 단지 하나님께 자기 죄를 들켰기 때문에 속상했던 것일까요? 아니면 자기가 죄를 지었다는 사실이 진심으로 후회스러웠을까요?

여러분은 자신의 죄 때문에 진심으로 마음 아파하나요? 아니면 죄를 들킨 게 부끄러울 뿐인 경우도 있나요?

진심으로 후회하고 마음 아파하는 것은 왜 중요할까요? 적당히 조금만 사과하는 것은 어떤 문제가 있을까요?

가스펠 소그룹

 ## 나침반

다윗의 찬양

[준비물] 학생용 교재 36쪽, 연필이나 색연필

① 시편 47편 7~8절 말씀을 여러 번 함께 읽는다.

② 아이들에게 받침이 빠진 암송 구절을 한 줄씩 돌아가며 읽게 한다.

③ 빠진 받침을 채워 넣게 한 뒤 함께 읽으며 정답을 확인한다.

> 하나님은 온 땅의 왕이심이라
>
> 지혜의 시로 찬송할지어다
>
> 하나님이 뭇 백성을 다스리시며
>
> 하나님이 그의 거룩한 보좌에 앉으셨도다
>
> **시편 47편 7~8절**

주거니 받거니 암송 *

[준비물] 탱탱볼

① 아이들을 둥글게 세우고, 한 아이에게 공을 준다.

② 공을 든 사람은 암송 구절을 한 어절 말한 뒤, 아무에게나 공을 넘기는 규칙이 있다고 알려 준다.

③ 공을 받은 사람은 다음 어절을 말하고, 또 다른 사람에게 공을 넘기기를 반복하며 암송 구절을 완성한다.

TIP 타이머로 암송 구절을 외우는 시간을 재며 재미를 더할 수 있다. 머뭇거리는 아이가 있으면 서로 도와주게 한다.

── 암송 구절을 외우다 보니 우리의 완벽한 왕이신 예수님이 생각나네요. **우리의 왕은 누구인가요?** 예수님이 우리의 영원한 왕이세요. 예수님은 온 세상을 다스리세요.

 ## 보물 지도

참인가 거짓인가

[준비물] 성경

① 성경에서 사무엘하 11장 1절~12장 14절과 시편 51편을 펴고, 성경 이야기를 간단하게 복습한다. 아이들이 큰 소리로 성경을 읽도록 해도 좋다.

② 아래의 문장을 읽어 주며 내용이 참인지 거짓인지 한 명씩 대답해 보라고 한다.

1 다윗은 군대를 이끌고 전쟁터로 나갔어요.

　거짓, 그는 예루살렘에 머물렀다 (삼하 11:1)

2 다윗은 밧세바가 결혼한 사실을 몰랐어요.

　거짓, 밧세바가 우리아의 아내인 것을 알았다 (삼하 11:3)

3 다윗은 밧세바를 궁으로 불렀어요.

　참 (삼하 11:4)

4 다윗은 우리아에게 모든 일을 사실대로 이야기했어요.

　거짓, 다윗은 우리아를 속이려고 했다 (삼하 11:6~8)

5 다윗은 우리아가 전쟁터에서 죽도록 만들었어요.

　참 (삼하 11:15)

6 다윗은 밧세바에게 버림 받을까 봐 두려워서 회개했어요.

　거짓, 다윗은 죄 때문에 자신이 하나님과 멀어진 것을 알고 회개했다 (시편 51)

7 다윗이 회개하자 하나님이 그를 용서하셨어요.

　참 (삼하 12:13)

── 죄는 하나님과 우리의 사이를 멀어지게 해요. 하지만 감사하게도 하나님은 언제나 우리를 사랑하시고 늘 함께하고 싶어 하세요. 그래서 예수님을 보내셔서 우리를 죄에서 구하시고, 그를 믿는 자들에게 하나님과 영원히 함께하게 하셨어요.

 ## 탐험하기

나단이 다윗에게

[준비물] 학생용 교재 37쪽, 연필이나 색연필

① 다윗에게 말을 하고 있는 사람이 누구인지 물어보고, 어떤 상황인지 이야기를 떠올려 보라고 한다.

② 서로 같은 모양의 양 그림을 찾아 해당하는 글자를 써 보라고 한다.

③ 나단이 다윗에게 한 말이 무엇이었는지 완성하게 한다.

▬▬ 시편 51편을 읽어 보면 다윗이 자신의 죄를 깨달았을 때 그의 마음이 어땠을지 짐작할 수 있어요. 그는 자신이 죽어 마땅하다는 것을 알았어요. 다윗은 자신의 죄 때문에 하나님에게서 멀어지는 것이 두려웠어요. 그래서 다윗은 하나님께 용서를 구했어요.

아무도 모르게 숨길 수 있을까? *
[준비물] 탁구공, 종이컵 3개, 투명 플라스틱 컵 3개

① 탁자나 마룻바닥과 같이 평평한 표면 위에 종이컵 3개를 뒤집어 놓는다.

② 그 중 한 컵 안에 탁구공을 넣는다. 컵을 한 번 들어 올려 아이들에게 공이 어디 있는지 확인시켜 준다.

③ 컵을 천천히 옮기며 섞는다. 처음에는 탁구공이 들어 있는 컵을 아이들이 놓치지 않고 볼 수 있을 정도로 천천히 옮긴다.

④ 아이들에게 어느 컵에 공이 숨겨져 있는지 맞혀 보라고 한다. 컵을 들어 확인한다.

⑤ 이번에는 조금 더 빠른 속도로 게임을 진행한다. 회를 거듭할 때마다 점점 속도를 높인다.

⑥ 마지막에는 속이 훤히 들여다보이는 투명한 컵 3개를 이용하여 게임을 한다.

▬▬ 우리도 가끔 다윗처럼 죄를 숨기려고 해요. 다른 사람들이 우리의 실수나 잘못을 알아채지 못하도록 뭔가를 바꿔치기도 하고, 다른 데로 관심을 돌리기도 하지요. 하지만 하나님께 숨길 수 있는 죄는 없어요. 죄는 우리와 하나님을 멀어지게 해요. 하지만 예수님이 우리를 위해 십자가에 죽으셔서 우리의 죄를 해결하셨어요. 하나님이 우리를 용서하실 것을 알기 때문에 우리의 죄를 숨김없이 다 털어놓을 수 있지요.

🧰 보물 상자

나만의 기록장
[준비물] 학생용 교재 38쪽, 연필이나 색연필

① 시편 51편이나 시편 103편 1~13절을 읽고 이 글을 쓰는 다윗의 표정을 상상해 보라고 한다.

② 예수님을 믿고 죄를 회개하면 하나님이 우리의 죄를 용서하신다는 것을 말해 준다.

③ 이 사실을 알고 나니 어떤 기분이 드는지, 그림이나 글로 표현해 보라고 한다.

▬▬ 우리의 왕은 누구인가요? 예수님이 우리의 영원한 왕이세요. 예수님은 온 세상을 다스리세요. 하나님이 우리를 용서하시는 것은 예수님이 우리의 죗값을 대신 치르셨기 때문이에요. 예수님이 모든 책임을 지셨기 때문에 우리는 우리 죄가 용서받았다는 것을 알 수 있어요.

메시지 카드
이번 주 메시지 카드로 부모님과 함께 오늘 배운 성경 이야기를 나누어 보라고 한다.

기도
하나님, 다윗을 통해 우리의 죄를 용서하시는 하나님을 배웠습니다. 죄로 인해 죽을 수밖에 없는 우리에게 예수님을 보내 주셔서 감사합니다. 우리의 죄를 숨김없이 말할 수 있는 용기와 깨끗하게 하시는 예수님을 믿는 믿음을 허락해 주세요. 예수님의 이름으로 기도합니다. 아멘.

2^{단원} 지혜의 하나님

솔로몬은 하나님이 주신 지혜로 이스라엘을 다스렸고, 하나님의 뜻을 따라 성전을 지었습니다. 그러나 그의 죄로 인해 이스라엘은 두 나라로 나뉘었습니다. 솔로몬을 통해 우리는 진정한 지혜이시고, 완벽한 왕이신 예수님이 우리에게 필요하다는 사실을 깨닫게 됩니다.

솔로몬이
지혜를
구했어요

지혜는
하나님께로부터
와요

The Gospel Project

솔로몬이
성전을
지었어요

이스라엘이
둘로
나뉘었어요

카운트다운 - 눈으로 보는 소리

카운트다운 영상(지도자용 팩)을 틀고 예배 준비 자세를 취하도록 격려한다. 예배가 시작되는 시간에 영상이 끝나도록 맞추어 놓는다. 영상이 끝나기 30초 전에 예배 인도자는 정해진 위치에 서서 조용히 기도하는 모범을 보인다.

무대 배경 - 퀴즈쇼 스튜디오

퀴즈쇼 스튜디오처럼 보이게 꾸민다. 단이나 보면대 등을 사회자용으로 앞쪽에 두고, 벽은 줄전구로 장식한다. 전구들이 반짝이도록 해 두어도 좋다. 칠판이나 화이트보드를 준비하여, 가장자리를 따라 물음표를 그려 장식한다. 화면에 퀴즈쇼 배경 이미지(지도자용 팩)을 띄운다.

7

솔로몬이 지혜를 구했어요

왕상 2:1~4, 2:10~12, 3:1~15

단원 암송

대저 여호와는 지혜를 주시며
지식과 명철을 그 입에서 내심이며
그는 정직한 자를 위하여 완전한 지혜를
예비하시며 행실이 온전한 자에게
방패가 되시나니(잠 2:6~7).

성경의 초점

지혜는 어디서 오나요?
지혜는 하나님께로부터,
하나님의 말씀을 통해서 와요.

본문 속으로

🔍

다윗은 밧세바와 지은 죄로 인해 어려움을 겪었습니다. 그럼에도 하나님은 다윗과 밧세바에게 그분의 사랑을 보여 주셨습니다. 그들의 첫아들이 죽은 후 밧세바는 솔로몬을 낳았습니다. 다윗을 찾아와 그의 죄를 꾸짖었던 선지자 나단은 솔로몬에게 '여디디야'라는 또 다른 이름을 지어 주었습니다. 여디디야는 '여호와의 사랑을 받는 자'라는 뜻입니다. 하나님은 솔로몬을 왕으로 선택하셨습니다(삼하 12:24~25; 대상 22:9~13 참조).

솔로몬이 왕위에 오르고 얼마 지나지 않아 하나님이 그의 꿈에 나타나셨습니다. 그러고는 "내가 네게 무엇을 줄꼬?"(왕상 3:5)라고 물으셨습니다. 솔로몬의 대답은 그가 다른 왕들과는 다름을 보여 주었습니다. 그의 대답에는 하나님을 경외하는 성품이 잘 드러났습니다. 먼저 솔로몬은 하나님의 백성을 이끌기에 자신의 경험이 부족함을 솔직하게 인정하며 하나님께 말했습니다. "누가 주의 이 많은 백성을 재판할 수 있사오리이까 듣는 마음을 종에게 주사 주의 백성을 재판하여 선

악을 분별하게 하옵소서"(왕상 3:9).

만약 여러분이 왕이나 여왕이고 하나님이 무엇을 구하든 다 주겠다고 말씀하셨다면, 여러분은 무엇을 구하겠습니까? 여러분이 가르치는 아이들에게도 무슨 소원이든 다 이루어진다면 무엇을 구할 것인지 한번 물어보십시오. 어떤 아이는 막강한 권력이나 전쟁에서의 승리를 구하겠다고 대답할 것입니다. 또 어떤 아이는 부나 장수를 구하겠다고 대답할 것입니다. 하지만 솔로몬은 이런 것을 구하지 않았습니다. 솔로몬은 하나님께 지혜를 구했습니다. 하나님은 솔로몬의 대답에 기뻐하셨고, 그에게 지혜롭게 분별하는 마음을 주겠다고 말씀하셨습니다.

● ● 티칭 포인트

아이들에게 솔로몬이 자신의 마음을 하나님께 드렸다는 것을 상기시켜 주십시오. 그리고 하나님이 하나님의 뜻대로 살게 하려고 사람을 만드셨다는 점도 알려 주십시오. 하나님의 뜻을 따라 완전한 순종의 본을 보이신 예수님을 기억하게 도와주십시오. 예수님은 솔로몬과 비교할 수 없이 위대한 분이셨지만(마 12:42 참조), 자기 생명을 맡길 정도로 하나님을 완전히 신뢰하셨습니다. 예수님은 우리를 위해 십자가에서 죽으심으로 우리가 하나님께 돌아갈 수 있도록 하셨습니다.

주 제

하나님이 솔로몬에게 하나님의 백성을 이끌 지혜를 주셨어요.

가스펠 링크

하나님은 하나님의 백성에게 위대하고 지혜로운 왕을 주실 계획을 갖고 계셨어요. 바로 하나님의 아들 예수님이에요.

솔로몬이 지혜를 구했어요 왕상 2:1~4, 2:10~12, 3:1~15

오랫동안 이스라엘의 왕으로 나라를 다스렸던 다윗이 늙자, 그의 아들 솔로몬이 다윗의 뒤를 이어 왕이 되었어요. 하나님은 다윗에게 언제나 그의 후손이 이스라엘의 왕이 될 것이라고 약속하셨어요. 다윗은 죽기 전에 솔로몬에게 몇 가지를 당부했어요.

다윗이 말했어요. "솔로몬아 너는 강해지고 대장부가 되어야 한다. 네 하나님의 명령을 잘 지켜라. 그러면 네가 무엇을 하든지, 어디로 가든지 모든 일이 잘될 것이다. 하나님께서 '이스라엘의 왕위에 오를 사람이 네게서 끊어지지 않으리라!'라고 하신 약속을 이루실 것이다." 다윗이 죽자, 솔로몬이 이스라엘을 다스렸어요.

어느 날 밤, 하나님이 솔로몬의 꿈에 나타나 말씀하셨어요. "솔로몬아, 무엇이든지 원하는 것을 말해라. 내가 들어주겠다."

무엇이든지 들어주신다니 얼마나 좋아요! 다른 왕들이었다면 아마 오래 살게 해 달라거나, 큰 부자가 되게 해 달라고 대답했을 거예요. 모든 적을 물리칠 수 있게 해 달라고 말할 수도 있었겠지요. 그러나 솔로몬은 부자가 되거나 오래 사는 것을 구하지 않았어요. 좋은 왕이 되고 싶었던 솔로몬은 그보다 훨씬 더 나은 것을 구했어요.

솔로몬은 "하나님, 저는 나이가 어리고 어떻게 제 임무를 수행해야 할지 모릅니다. 그러니 저에게 옳고 그름을 가려내는 마음을 주셔서 주의 백성을 잘 다스리고 선악을 분별하게 해 주십시오"라고 기도했어요.

하나님은 솔로몬의 대답을 기뻐하셨어요. "내가 네게 지혜롭게 분별하는 마음을 줄 것이다. 전에도 너와 같은 사람이 없었고 네 이후에도 너와 같은 사람이 일어나지 않을 것이다."

그리고 또 말씀하셨어요. "또한 네가 구하지 않은 것, 곧 부와 명예도 내가 네게 주겠다. 그러면 네 평생에 왕들 가운데서 너와 같은 사람이 없을 것이다."

잠에서 깨어난 솔로몬은 하나님이 꿈에서 그에게 말씀하셨다는 것을 깨달았어요. 솔로몬은 하나님을 찬양하고, 하나님께 제사를 드렸어요.

●● 가스펠 링크

솔로몬은 하나님의 계획을 따르고자 하는 지혜로운 왕이었어요. 하나님은 하나님의 백성에게 솔로몬과는 비교할 수 없이 위대하고 지혜로운 왕을 주실 계획을 갖고 계셨어요. 바로 하나님의 아들 예수님이에요. 예수님은 자기 생명을 맡길 정도로 하나님을 완전히 신뢰하셨어요. 예수님은 우리를 위해 십자가에서 죽으심으로 자기 생명을 내어 주셨어요.

가스펠 준비 10~20분

환영

도착하는 아이들을 반갑게 맞이하고 헌금, 출석, QT 등을 확인하며 격려한다. 새 친구가 있다면 소개한다. 편안한 분위기에서 안부를 물으며 오늘의 말씀과 관련된 화제로 이야기를 나눈다. 아이들에게 오늘은 지혜에 대해 생각해 보는 시간이라고 이야기한 뒤 솔로몬이 어떻게 지혜로워졌는지에 대해 배울 것이라고 알려 준다. 아이들이 자발적으로 대화에 참여하도록 이끈다.

예) "똑똑한 사람을 알고 있다면 소개해 주세요.", "어떻게 하면 똑똑해질까요?", "똑똑한 것과 지혜로운 것은 어떻게 다를까요?" 등.

마음 열기

왕에게 필요한 것 *

[준비물] A4 용지, 연필

① 우리가 왕을 뽑는다면 그 왕은 어떤 왕이었으면 좋겠는지 생각해 보게 한다.

② 한 사람씩 돌아가면서 왕에게 가장 필요한 것이 무엇인지, 왜 그렇게 생각하는지 이야기하게 한다.

③ 두 팀으로 나눈 뒤 이야기한 내용을 기억하며 다 함께 왕을 그리게 한다.

══ 지난 시간까지 이스라엘의 두 왕 사울과 다윗에 관해 배웠어요. 오늘은 다윗의 뒤를 이어 왕이 된 솔로몬에 대해 배울 거예요. 솔로몬은 어떤 왕이었을까요? 좋은 왕은 백성을 잘 다스리는 왕일 거예요. 그렇다면 솔로몬은 백성을 잘 다스리는 왕이 되기 위해 하나님께 무엇을 구했을까요? 함께 알아보기로 해요.

소원을 말해봐! *

[준비물] 종이, 연필, 상자 또는 그릇

① 아이들에게 소원을 종이에 써 보라고 한다. 이때 이름은 적지 말라고 한다.

② 갖고 싶은 물건이나 꼭 일어났으면 하는 일, 아니면 바뀌기를 바라는 것을 적어 보라고 한다.

③ 아이들이 다 적고 나면, 인도자는 소원이 적힌 종이를 모아 상자

나 그릇에 담고 하나씩 꺼내 읽는다.

④ 아이들에게 누구의 소원인지 맞혀 보라고 한다.

TIP 만약 소원을 쓴 사람의 이름을 밝히는 것이 어렵거나 굳이 밝힐 필요가 없다면 이름을 밝히지 않은 채 그 소원에 대해 함께 기도하는 것도 좋다.

══ 가끔은 원하는 것이 절대로 이루어지지 않는 것처럼 느껴질 때가 있어요. 또 어떤 때에는 원하는 그대로 이루어졌다고 느껴지기도 하고요. 오늘 우리는 이스라엘의 세 번째 왕인 솔로몬에 대해 배울 거예요. 그리고 솔로몬이 무엇을 원했는지에 대해서도요. 하나님은 솔로몬에게 원하는 것은 무엇이든 주겠다고 말씀하셨어요! 과연 솔로몬은 하나님께 무엇을 달라고 했을까요? 그리고 하나님은 솔로몬의 소원을 어떻게 들어주셨을까요? 오늘의 성경 이야기를 잘 들어 보세요!

가스펠 설교 15~30분

들어가기

[준비물] 종이 몇 장이 끼워진 클립보드

클립보드를 들고 나온다.

안녕하세요, 여러분! 만나서 반가워요. 여기 모인 분들은 우리 방송국의 퀴즈쇼 오디션을 보러 온 분들 맞나요? 아이들의 대답을 기다린다. 여기가 퀴즈쇼의 무대 뒤라는 것은 알고 계시지요? 저는 각 지역에서 온 지원자들이 우리 퀴즈쇼에 나갈 만한 실력을 갖추었는지 인터뷰를 통해 알아보는 일을 맡았어요. 사실 우리 방송국에는 몇 종류의 쇼가 있어요. 어떤 쇼는 진짜 똑똑한 사람들이 출연하는 프로그램이고, 또 어떤 쇼는 아주 기발한 재주를 가지고 있는 사람들이 나가는 프로그램이에요. 여러분 중에 자기가 똑똑하다거나 재주가 많다고 생각하는 사람 있나요? 아이들의 대답을 기다린다. 아주 좋아요! 얼핏 보기에도 다들 실력이 대단한 것 같네요.

연대표

시작하기 전에, 연대표를 보면서 오늘의 성경 이야기를 찾아볼까요?

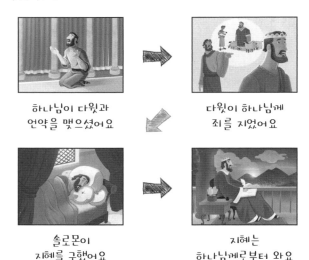

하나님이 다윗과 언약을 맺으셨어요

다윗이 하나님께 죄를 지었어요

솔로몬이 지혜를 구했어요

지혜는 하나님께로부터 와요

하나님이 다윗과 언약을 맺으신 이야기는 이미 배웠고, 이제 다윗이 죽은 후 그 뒤를 이은 왕에 대해 배울 차례군요. 연대표에서 오늘의 성경 이야기 제목을 가리킨다. 오늘 성경 이야기의 제

목은 "솔로몬이 지혜를 구했어요"예요. 다윗의 뒤를 이은 왕은 그의 아들 솔로몬이에요. 왕이 된 솔로몬은 하나님께 무엇을 구했을까요? 또 하나님은 솔로몬을 어떤 왕이 되도록 해주셨을까요? 아이들의 대답을 기다린다. 솔로몬은 백성을 잘 다스리는 왕이 되고 싶었어요. 그러려면 솔로몬에게 무엇이 필요했을까요? 아이들의 대답을 기다린다.

성경의 초점

오늘의 성경 이야기를 듣기 전에, 우리가 앞으로 몇 주 동안 배우게 될 2단원의 '성경의 초점' 질문을 알아볼까요? 바로 **"지혜는 어디서 오나요?"**예요. 조심하세요! 질문에 함정이 있을 수도 있어요! 오늘의 성경 이야기를 들으면서 꼭 대답을 찾아보세요.

성경 이야기

열왕기상 2장 1~4절, 10~12절, 3장 1~15절을 펴고, 설교 영상(지도자용 팩)을 보여 주거나 이야기 성경을 들려준다.

솔로몬은 어려운 질문에 대답을 아주 잘했어요. 만약에 하나님이 저에게 무엇이든 원하는 것을 말해 보라고 하셨다면, 전 어떤 대답을 해야 할지 망설였을 것 같아요.

솔로몬 시대의 왕들은 나라를 다스리기 위해 많은 돈이 필요했어요. 오래 살면서 많은 자녀를 낳는 것도 아주 중요하게 여겨졌지요. 그리고 주위의 적들을 다 무찌를 수 있는 힘도 필요했지요. 그러나 솔로몬은 이런 것들을 구하지 않았어요. 그는 자신이 왕이 되기에는 어리다는 것을 알았어요. 무엇이 옳고 그른지를 잘 판단할 수 있는 능력은 오랜 시간 동안 많은 실수를 거쳐야만 배울 수 있는 것이지요. 하나님의 백성을 잘 이끌고 싶었던 **솔로몬은 하나님께 하나님의 백성을 이끌 지혜를 달라고 했어요.** 솔로몬의 대답을 들은 하나님은 아주 기뻐하셨어요. 하나님은 솔로몬에게 지혜를 주실 뿐만 아니라, 그가 구하지 않은 *장수와 부, 명예도 다 주겠다고 하셨어요!

솔로몬은 자신의 시대에 살던 누구보다 지혜로운 사람이었어요. 하지만 오랜 세월이 흐른 뒤, 그보다 훨씬 더 위대하

고 지혜로운 왕이 나타났어요. 바로 예수님이세요. 하나님은 하나님의 아들 예수님을 보내서서 우리에게 하나님의 길을 보여 주셨어요. 예수님은 하나님의 아들이시기 때문에 그분의 말씀에는 하나님의 권위와 지혜가 있어요. 예수님은 십자가에서 죽으실 만큼 하나님을 완전히 신뢰하셨고 하나님께 완전히 순종하셨어요.

그러고 보니 오늘의 '성경의 초점'이 떠오르는군요. **지혜는 어디서 오나요? 지혜는 하나님께로부터, 하나님의 말씀을 통해서 와요.**

*장수 : 오래도록 삶

복 / 습 / 질 / 문

1 다윗이 죽은 후 누가 이스라엘의 왕이 되었나요?

솔로몬 (왕상 2:12)

2 하나님은 솔로몬에게 어떻게 나타나셨나요?

꿈에 나타나셨다 (왕상 3:5)

3 참, 거짓으로 대답해 보세요. 솔로몬은 하나님께 부자가 되게 해 달라고 말했어요.

거짓, 솔로몬은 하나님께 하나님의 백성을 이끌 지혜를 달라고 했다 (왕상 3:9)

4 지혜는 어디서 오나요?

지혜는 하나님께로부터, 하나님의 말씀을 통해서 와요.

 ## 복음 초청

성경과 120쪽 복음 초청 가이드를 이용해서 아이들에게 그리스도인이 되는 법을 설명해 준다. 따로 상담해 줄 사람을 정해 주고 궁금한 점이 있으면 물어보도록 격려한다.

이 시간 예수님을 마음에 모시고 싶은 친구는 함께 기도해요.

 ## 기도

하나님, 솔로몬이 하나님의 백성을 다스릴 지혜를 구한 것을 배웠습니다. 우리에게도 하나님이 기뻐하시는 것을 구할 수 있는 지혜를 허락해 주세요. 그리고 하나님의 말씀을 들으며 말씀대로 살아가는 지혜로운 어린이가 되도록 인도해 주세요. 예수님의 이름으로 기도합니다. 아멘.

 ## 적용

TIP 설교 도입이나 적용으로 활용하거나 영상을 본 뒤 소그룹으로 나누어 풍성한 대화를 이어 갈 수 있습니다.

무엇이든 원하는 대로 얻을 수 있다면, 여러분은 무엇을 달라고 하고 싶나요? 아이들의 대답을 기다린다. 그것에 대해 생각해 보면서 다음 영상을 보기로 해요.

적용 예화 영상(지도자용 팩)을 보여 준다.

별로 오래 가지 못할 것들을 구한 경우, 어떤 문제점이 있는지 이야기를 나눈다. 갖고 싶었던 것을 가지게 되었지만, 곧 닳거나 망가지거나 싫증이 난 적이 있었는지 물어본다. 영원히 사라지지 않을 선물을 받은 적이 있는지도 물어본다.

우리가 바라는 것들 중 오랫동안 계속될 수 있는 것에는 어떤 것이 있을까요? 무엇이든 원하는 대로 가질 수 있다면, 무엇을 달라고 하는 것이 지혜로울까요? 어떻게 하면 지혜를 얻을 수 있나요? (하나님께 구하면 돼요.) 우리가 얻을 수 있는 선물 중에 영원히 남을 수 있는 것은 무엇일까요? 그런 선물은 누가 줄 수 있나요? 아이들의 대답을 기다린다.

가스펠 소그룹

나침반

거울아 거울아 글자를 알려줘!

"대저 여호와는 지혜를 주시며 지식과 명철을 그 입에서 내심이며 그는 정직한 자를 위하여 완전한 지혜를 예비하시며 행실이 온전한 자에게 방패가 되시나니"(잠 2:6~7).

[준비물] 학생용 교재 42쪽, 거울, 연필이나 색연필

① 거울을 글자 옆에 90°가 되게 비추어 보게 한다.

② 거울에 보이는 글자를 바로 적어 보게 한다. 완성된 문장을 함께 읽으며 그 뜻을 살펴본다.

③ 어려운 단어를 설명해 주고, 어떤 사람에게 하나님이 지혜를 주시는지 암송 구절에서 찾아보게 한다.

대저 여호와는 지혜 를 주시며

지식 과 명철 을 그 입 에서 내심이며

그는 정직한 자를 위하여

완전한 지혜 를 예비하시며

행실이 온전한 자에게 방패 가 되시나니

잠언 2장 6~7절

—— 오늘 새로 배운 암송 구절은 잠언에 나오는 말씀이에요. 보통 잠언이라고 하면 삶에 대한 지혜가 담겨 있는 말을 의미해요. 솔로몬은 잠언을 통해 어떻게 하면 하나님을 기쁘시게 하는 지혜로운 선택을 할 수 있는지 가르쳐 주고 싶었어요.

보물 지도

솔로몬 퀴즈 대회

[준비물] 성경

① 성경을 펴고 열왕기상 2장 1~4절, 2장 10~12절, 3장 1~15절을 찾아 읽어 보게 한다.

② 아이들을 두 팀으로 나눈다. 팀별로 한 명씩 앞으로 나오게 하고,

솔로몬에 대한 퀴즈를 낸다.

③ 답을 아는 아이는 손을 들고 인도자에게 허락을 얻은 후 답을 말해야 한다고 일러 준다.

④ 정답을 맞힌 팀은 1점을 얻는다. 오답일 경우에는 상대팀에게 1점을 준다. 점수를 많이 얻은 팀이 이긴다.

1 다윗이 죽기 전 솔로몬에게 한 말은 무엇인가요?

힘써 대장부가 되고, 하나님의 명령을 지켜라 (왕상 2:2~3)

2 솔로몬의 왕국은 분열될 위기에 처했나요?

아니다, 견고했다 (왕상 2:12)

3 솔로몬이 1000마리의 번제물을 바친 곳은 어디인가요?

기브온 산당 (왕상 3:4)

4 솔로몬은 왜 지혜를 달라고 했나요?

솔로몬은 이스라엘 백성을 재판할 때 선악을 분별할 수 있도록 지혜를 구했다 (왕상 3:7~9)

5 지혜는 왕들만 구할 수 있을까요? 아니면 누구나 구할 수 있나요?

하나님은 구하는 자는 누구에게나 지혜를 주신다 (약 1:5)

—— 우리가 하나님을 사랑하고, 하나님께 순종하려고 할 때 하나님이 지혜를 주세요. 지혜는 옳고 그름을 분별하는 능력이에요. 무엇이 최선인지를 잘 헤아리는 능력이지요. 우리의 지식을 올바르게 사용할 수 있는 방법을 가르쳐 주는 것이 지혜예요. **지혜는 어디서 오나요? 지혜는 하나님께로부터, 하나님의 말씀을 통해서 와요.**

탐험하기

지혜의 말

[준비물] 학생용 교재 43쪽, 연필이나 색연필

① 힌트를 보고 빈칸을 채워 문장을 완성하게 한다.

② 지혜가 어디서 오는지 물어 본다. 초성힌트를 보고 성경의 초점의 답을 적게 한다.

—— 솔로몬은 지혜로운 말들을 잠언에 모아 놓았어요. 솔로몬은 어떻게 이렇게 지혜로운 이야기를 할 수 있었을까요? 바로 오늘 말씀처럼, 하나님께 지혜를 구했기 때문이에요. 세상의 어느 지혜보다 뛰어난 하나님의 지혜를 구했던 솔로몬은 이스라엘을 아주 잘 다스릴 수 있었어요.

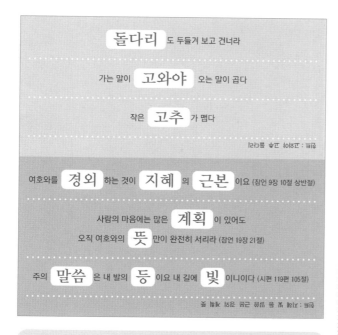

돌다리 도 두들겨 보고 건너라

가는 말이 **고와야** 오는 말이 곱다

작은 **고추** 가 맵다

힌트: 한글로 된 속담

여호와를 **경외** 하는 것이 **지혜** 의 **근본** 이요 (잠언 9장 10절 상반절)

사람의 마음에는 많은 **계획** 이 있어도
오직 여호와의 **뜻** 만이 완전히 서리라 (잠언 19장 21절)

주의 **말씀** 은 내 발의 **등** 이요 내 길에 **빛** 이니이다 (시편 119편 105절)

힌트: 지혜와 관련 성경 구절 채워 보기

지혜는 어디서 오나요?

지혜는 **하 나 님** 께로부터,

하나님의 **말 씀** 을 통해 와요.

지혜의 베개 만들기 *

[준비물] 펠트지, 털실(리본), 솜, 패브릭용 마커, 펀치

① 펠트지를 가로 12cm, 세로 8cm 길이의 직사각형 모양으로 잘라 둔다. 아이들마다 2장씩 받을 수 있을 만큼 충분히 만든다.

② 자른 펠트지를 2장씩 포개어 펀치로 가장자리를 따라 2cm 간격으로 구멍을 뚫어 놓는다.

③ 아이들에게 준비해 놓은 펠트지를 2장씩 나누어 준다.

④ 2장의 구멍을 잘 맞추어 털실로 직사각형의 세 변을 꿰매는 시범을 보여 준다.

⑤ 솜을 펠트지 안에 넣고 나머지 한 변도 꿰맨 후 풀리지 않도록 매듭을 단단히 짓게 한다.

⑥ 패브릭용 마커를 주어 꾸미게 하고, 2단원 암송 구절을 써서 베개를 완성하게 한다.

━━ 하나님은 솔로몬의 꿈에 나타나 말씀하셨어요! 솔로몬은 하나님께 하나님의 백성을 이끌 지혜를 달라고 했고, 하나님은 솔로몬의 말을 들어주셨어요. 하지만 솔로몬보다

더 지혜로운 왕이 나타났는데, 바로 예수님이에요! 예수님은 하나님께 완전히 순종하고 십자가에 죽으심으로 가장 지혜로운 왕이라는 것을 보여 주셨어요. 이제 우리도 예수님 덕분에 하나님께 지혜를 얻을 수 있게 되었어요! 우리는 하나님의 말씀을 읽을 수도 있고, 기도도 할 수 있지요. 또 예수님을 믿으면 우리 안에 계시는 성령님이 하나님의 지혜로 우리를 인도해 주세요! 한 주간 오늘 만든 지혜의 베개를 가지고 다니면서 이 베개를 볼 때마다 하나님의 지혜를 구하는 여러분이 되었으면 좋겠어요.

보물 상자

나만의 기록장

[준비물] 학생용 교재 44쪽, 연필이나 색연필

① 하나님이 갖고 싶은 것이 무엇이냐고 물으신다면 무엇을 구할 것인지 그림이나 글로 표현해 보게 한다.

① 하나님은 어떤 방법으로 하나님의 백성에게 말씀하시는지에 대해 이야기를 나눈다.

━━ 지혜는 성경에 어떤 말씀이 쓰여 있는지를 아는 것과는 달라요. 지혜란 하나님의 방법이 가장 좋은 방법이라는 것을 알고 그것을 따르는 것이에요. 하지만 우리는 하나님께 순종하기 위해서 예수님이 필요해요. 하나님께 지혜를 달라고 기도하세요. 하나님을 사랑하고 하나님께 순종하게 도와달라고 말씀드리세요.

메시지 카드

이번 주 메시지 카드로 부모님과 함께 오늘 배운 성경 이야기를 나누어 보라고 한다.

기도

하나님, 지혜가 하나님께로부터 오는 것을 배웠습니다. 우리 모두 지혜로운 하나님의 자녀가 되기를 원합니다. 하나님의 말씀을 읽고 기도할 때 우리가 더욱 하나님의 지혜를 구하도록 성령님 인도해 주세요. 예수님의 이름으로 기도합니다. 아멘.

8

지혜는 하나님께로부터 와요

잠 1:1~7, 3:1~12, 4:10~19

단원 암송

대저 여호와는 지혜를 주시며
지식과 명철을 그 입에서 내심이며
그는 정직한 자를 위하여 완전한 지혜를
예비하시며 행실이 온전한 자에게
방패가 되시나니(잠 2:6~7).

성경의 초점

지혜는 어디서 오나요?
지혜는 하나님께로부터,
하나님의 말씀을 통해서 와요.

본문 속으로

어른들은 아이들에게 "항상 좌우를 살펴보고 길을 건너라", "뜨거우니 난로를 만지면 안 된다", "제자리에 앉아 있어라"라고 지시합니다. 그렇지 않고 제멋대로 하게 내버려 둔다면 십중팔구는 차를 향해 뛰어들거나, 난로에 손을 데거나, 식당 여기저기를 돌아다닐 것이 분명하기 때문입니다.

어린아이들은 세상을 발견하고 그것이 어떻게 돌아가는지 이해하기 시작할 무렵에 어리석은 결정을 하기 쉽습니다. 죄인인 우리도 마찬가지입니다.

우리의 삶에 하나님이 없다면 우리는 자신을 신뢰하고 자신의 명철을 의지하게 될 것입니다(잠 3:5 참조). 악을 떠나기보다 악을 향해 달려갈 것이며(잠 3:7 참조), 주님의 징계를 업신여길 것입니다(잠 3:11 참조). 그러다 보면 우리 인생은 영원한 죽음을 향해 치닫게 됩니다. 그러나 한없이 긍휼하신 하나님은 성경에 '잠언'이라는 책을 주셨습니다.

하나님은 왕이 된 솔로몬에게 무엇이든 구하라고 말씀하셨고, 그는 지혜를 구했습니다. 지혜란 옳은 것과 참된 것, 정직한 것과 공평한 것을 알고 이해하는 것입니다. 솔로몬은 잠언에 수많은 지혜의 말들을 써 놓았습니다. 하나님은 솔로몬을 하나님의 백성을 잘 인도할 수 있는 자리에 앉히셨습니다. 다른 나라의 왕들조차 그의 지혜를 배우기 위해 먼 여행길을 마다하지 않았습니다.

잠언은 우리에게 인생을 사는 두 가지 길이 있다고 가르칩니다. 지혜로운 길과 어리석은 길입니다. 이 세상은 하나님이 만드셨습니다. 따라서 이 세상이 어떻게 운행되는지 가장 잘 아는 분도 하나님이십니다. 사람도 하나님이 만드셨습니다. 우리가 어떻게 살아야 할지, 어떻게 하면 기쁨을 얻을 수 있는지도 하나님이 가장 잘 아십니다. 우리의 어리석음은 우리의 죄로부터 오지만, 지혜는 하나님께로부터 옵니다.

● ● 티칭 포인트

솔로몬은 지혜로운 지도자였습니다. 그러나 약 900년 후 하나님은 솔로몬과 비교할 수 없는 위대한 지도자를 보내셨습니다. 그분은 바로 하나님의 아들 예수님이십니다(마 12:42 참조). 예수님이 죄인들을 위해 어떤 일을 하셨는가를 알려 주는 것이 복음입니다. 이 복음은 "멸망하는 자들에게는 미련한 것이요 구원을 받는 우리에게는 하나님의 능력"(고전 1:18)이라는 것을 아이들이 이해할 수 있도록 도와주십시오.

주 제

지혜로운 사람은 하나님을 두려워하고 하나님의 말씀에 순종해요.

가스펠 링크

성경은 예수님이 하나님의 지혜라고 말해요. 예수님은 우리를 지혜롭고 거룩하게 만드세요.

지혜는 하나님께로부터 와요 잠 1:1~7, 3:1~12, 4:10~19

다윗의 아들 솔로몬이 왕이 되자, 하나님은 그에게 무엇이든 원하는 것을 말해 보라고 하셨어요. 솔로몬은 하나님께 '지혜'를 구했어요. 하나님은 솔로몬에게 지혜를 주셨어요. 하나님이 주신 지혜 덕분에 솔로몬은 무엇이 옳은 일인지 잘 결정할 수 있었고, 하나님이 기뻐하시는 삶을 살 수 있었어요. 다른 나라의 왕들도 솔로몬의 지혜를 배우기 위해 먼 여행길을 마다하지 않았어요. 솔로몬은 사람들이 지혜로운 삶을 살 수 있도록 교훈을 주는 말들을 많이 했는데, 이것은 성경의 '잠언'이라는 책에 쓰여 있어요. 그중 몇 가지를 소개해 볼게요.

"이것은 지혜와 교훈을 얻게 하고 슬기로운 말씀을 깨달으며 지혜롭게, 의롭게, 공평하게, 정직하게 행동하도록 교훈을 얻게 하려는 것으로, 어리석은 사람들에게는 깊이 생각할 수 있는 슬기를 주고 아직 어린 사람들에게는 지식과 옳은 것을 판단할 수 있는 능력을 주기 위한 것이다. 지혜로운 사람들은 듣고 그 배움을 더할 것이며 슬기로운 사람들은 더욱 슬기를 얻게 될 것이다. 잠언과 비유와 지혜로운 사람의 말씀과 이해하기 어려운 말의 진정한 의미를 깨닫게 될 것이다. 여호와를 두려워하며 섬기는 것이 지식의 시작인데, 어리석은 사람들은 지혜와 교훈을 가볍게 여긴다."

"내 아들아, 내 가르침을 잊지 말고 내 명령을 네 마음에 잘 간직하여라. 그러면 너는 오래 살고 잘살게 될 것이다. 사랑과 성실을 저버리지 말고 그것을 네 목에 매고 네 마음 판에 새겨라. 그러면 네가 하나님과 사람 앞에서 사랑과 귀중히 여김을 얻을 것이다."

"네 마음을 다해 여호와를 믿고 네 지식을 의지하지 마라. 네가 하는 모든 일에서 그분을 인정하여라. 그러면 그분이 네 갈 길을 알려 줄 것이다."

"스스로 지혜롭다 생각하지 말고 여호와를 두려워하며 섬기고 악에서 떠나거라. 이것이 네 몸을 건강하게 하며 네 뼈에 영양분이 될 것이다. 네 재물과 네 수확물의 첫 열매로 여호와를 공경하여라. 그러면 네 창고가 가득 차고 네 포도주 통에 새 포도주가 넘칠 것이다."

"내 아들아, 여호와의 훈계를 업신여기지 말고 그 꾸지람을 싫어하지 마라. 여호와께서는 사랑하시는 사람을 훈계하고 벌 주시되 아버지가 그 기뻐하는 아들에게 하는 것과 같이 하신다."

"악한 사람의 길로 다니지 마라. 그 길을 피하고 지나가지 말며 돌아서거라. 그들은 악한 짓을 하지 않으면 잠을 못 자고 누군가를 해치지 않으면 잠이 오지 않는 사람들이다. 그들은 악한 방법으로 얻은 빵을 먹고 폭력으로 빼앗은 술을 마신다. 그러나 의인의 길은 동틀 무렵 비추는 빛과 같아서 점점 밝아져 환한 대낮같이 되지만 악인의 길은 어둠 같아서 넘어져도 무엇에 걸려 넘어졌는지조차 모른다."

●● 가스펠 링크

지혜는 하나님께로부터 와요. 이 세상을 만드신 하나님이 이 세상이 어떻게 운영되어야 하는지를 가장 잘 아세요. 사람은 누구나 태어날 때부터 어리석은 죄인이에요. 그러나 하나님은 자기 아들을 이 땅에 보내 우리를 구원하셨어요. 성경은 예수님이 하나님의 지혜라고 말해요. 예수님은 우리를 지혜롭고 거룩하게 만드세요. 그리고 우리를 죄에서 해방하세요(고전 1:24, 30).

가스펠 준비 10~20분

♕ 환영

도착하는 아이들을 반갑게 맞이하고 헌금, 출석, QT 등을 확인하며 격려한다. 새 친구가 있다면 소개한다. 편안한 분위기에서 안부를 물으며 오늘의 말씀과 관련된 화제로 이야기를 나눈다. 아이들이 자발적으로 대화에 참여하도록 이끈다.

예) "가장 좋아하는 책의 제목은 무엇인가요?", "그 책을 좋아하는 이유는 무엇인가요?" 등.

━━━ 책을 지은 저자들은 대단해요. 우리는 책에서 많은 것들을 배워요. 성경 속의 이야기들은 더더욱 그렇고요. 성경은 수많은 작은 책들로 이루어졌어요. 하나님이 우리에게 주신 선물이에요. 오늘 우리는 하나님이 성경을 통해 우리에게 어떻게 지혜를 주시는지에 관해 이야기해 볼 거예요.

♥ 마음 열기

전화 왔어요 *

① 아이들을 둥글게 앉히고, 아이들에게 귓속말은 한 번만 말할 것이라고 말해 준다.

② 첫 번째 아이에게 귓속말로 "지혜로운 사람은 귀를 기울인다"라는 메시지를 들려준다. 다음 아이에게 들은 말을 전한다.

③ 마지막 아이에게까지 메시지가 전달되면, 큰 소리로 자신이 들은 것을 말하게 한다.

TIP 시간이 있다면 다른 문장으로 놀이를 여러 번 반복한다. 아이들의 자리를 바꿔 순서를 다르게 하는 것이 좋다.

━━━ 오늘은 사울과 다윗의 뒤를 이어 이스라엘의 지도자가 된 왕에 대해 배울 거예요. 바로 다윗의 아들 솔로몬이에요. 솔로몬은 좋은 왕이 되기 위해 어떻게 했는지 알아보기로 해요.

신·구약 방석 날리기 *

[준비물] 종이, 마스킹 테이프, 방석, 찬양 한 곡

① 종이에 성경 66권의 이름을 써서 66개의 방석에 붙여 둔다. (방석이 없으면 우드락이나 두꺼운 종이로 해도 좋다.)

② 바닥 가운데에 테이프를 길게 붙여 두 부분으로 나눈다.

③ 신·구약 성경이 적절히 배치되도록 바닥에 깔아 둔다.

④ 아이들을 두 팀으로 나누고 각각 구약과 신약을 맡게 한다.

⑤ "시작!" 신호와 함께 구약성경에 해당하는 방석은 왼쪽으로, 신약성경에 해당하는 방석은 오른쪽으로 던지게 한다.

⑥ 더 빠른 시간 안에 분류를 완료한 팀이 승리한다.

TIP 시간이 남는다면 신·구약 방석들을 차례로 쌓아 보도록 해도 좋다.

━━━ 하나님의 말씀인 성경은 지혜의 샘과 같아요! 오늘은 잠언을 읽으면서 지혜가 담긴 말들을 배워 보기로 해요!

8 | 지혜는 하나님께로부터 와요

가스펠 설교

15~30분

들어가기

[준비물] 종이 몇 장이 끼워진 클립보드

클립보드를 들고 들어온다.

안녕하세요, 여러분! 이 자리에 모였다는 것은 모두 1차 오디션을 통과했다는 말이군요! 대단해요! 이제 2차 오디션도 통과할 준비가 되었나요? 아이들의 대답을 기다린다. 그래요! 이렇게 똑똑하고 재능 있는 친구들이 모였으니 틀림없이 2차 오디션도 너끈히 통과할 거예요! 오디션을 통과하는 비결은 바로 어려운 질문에 대한 답을 미리 대비해 두는 거예요.

연대표

지난주에 배운 성경 이야기를 간략하게 되돌아보고, 오늘은 어떤 성경 이야기를 배울지 살펴보기로 해요. 연대표를 보면서 지난 시간에 배운 것들을 간단히 이야기한다. 지난주에 솔로몬이 하나님께 하나님의 백성을 이끌 지혜를 달라고 했다는 이야기를 배웠어요. 하나님은 솔로몬에게 지혜를 주셨고, 솔로몬은 당시의 왕들 중 가장 지혜로운 왕이 되었지요. 오늘의 성경 이야기는 솔로몬이 잠언에 써 놓은 지혜로운 말들에 관한 것이에요. 제목은 "지혜는 하나님께로부터 와요"랍니다.

하나님이 다윗과 언약을 맺으셨어요

다윗이 하나님께 죄를 지었어요

솔로몬이 지혜를 구했어요

지혜는 하나님께로부터 와요

성경의 초점

2단원 '성경의 초점'이 무엇이었는지 기억하는 사람 있나요? **지혜는 어디서 오나요? 지혜는 하나님께로부터, 하나님의 말씀을 통해서 와요.** 오늘의 성경 이야기를 잘 이해하려면 '성경의 초점'을 기억하세요.

성경 이야기

잠언 1장 1~7절, 3장 1~12절, 4장 10~19절을 펴고, 설교 영상(지도자용 팩)을 보여 주거나 이야기 성경을 들려준다.

잠언은 하나님의 자녀인 우리가 세상을 살아가는 데 필요한 지혜와 교훈을 담고 있는 책이에요. 어리석은 사람과 지혜로운 사람이 어떻게 다른지 이야기함으로써 어리석고 좋지 않은 행동을 멀리하고 지혜롭고 경건한 삶을 살 수 있게 해주지요.

이 세상에는 우리가 어떻게 살아가야 할지 가르쳐 주는 것들이 참 많아요. 텔레비전 광고와 잡지를 비롯해 수많은 책들도 우리에게 살아가는 방법을 가르쳐 주지요. 하지만 그런 것들은 종종 하나님의 지혜와 동떨어져 있을 때가 있어요. 예수님이 없다면 우리는 어리석고 죄로 물들 수밖에 없어요. 죄로 가득한 우리의 마음은 하나님께 순종하고 싶어도 순종할 수 없는 상태이기 때문이에요.

지혜는 하나님께로부터, 하나님의 말씀을 통해서 와요. 하나님이 이 세상을 만드셨기 때문에, 이 세상을 어떻게 살아가야 할지 가장 잘 아는 분도 하나님이시죠. 모든 사람은 태어날 때부터 어리석은 죄인이지만, 하나님은 하나님의 아들 예수님을 이 땅에 보내셔서 우리를 구원하셨어요. 성경은 예수님이 하나님의 지혜라고 말하고 있어요. 하나님은 우리에게 하나님의 길과 하나님의 지혜가 우리의 것들과 다르다는 것을 가르쳐 주셨어요. 예수님은 우리의 죄를 없애기 위해 십자가에서 죽으셨어요. 이것은 우리의 힘으로 절대 할 수 없는 일이죠. 하나님은 지혜이신 예수님을 우리에게 보내셔서 우리가 거룩하게 살 수 있도록 도와주세요. 예수님은 우리를 지혜롭고 거룩하게 만드세요. 예수님은 우리를 죄에서 자유롭게 하세요(고전 1:24, 30 참조).

지혜로운 사람은 하나님을 두려워하고 하나님의 말씀에 순

좋해요. 예수님을 믿고 의지할 때 우리는 지혜로워질 수 있어요. 예수님은 우리가 우리 마음대로 살지 않고, 하나님을 사랑하고, 하나님께 순종할 수 있도록 도와주세요.

복 / 습 / 질 / 문

1 성경의 책 중에서, 세상을 올바르게 살기 위한 지혜의 말씀을 기록해 놓은 책은 무엇인가요?

잠언

2 잠언을 쓴 사람은 누구인가요?

솔로몬 (잠 1:1)

3 다음 빈칸을 채우세요. "너는 ○○을 다하여 여호와를 신뢰하고"

마음 (잠 3:5)

4 다음 빈칸을 채우세요. "대저 여호와께서 그 ○○ 하시는 자를 징계하시기를"

사랑 (잠 3:12)

5 지혜는 어디서 오나요?

지혜는 하나님께로부터, 하나님의 말씀을 통해서 와요.

찬양

지혜의 말씀

수많은 지식보다 더
놀라운 진리가 있죠
세월이 지나고 세상은 변해도
영원히 변하지 않죠

그 어떤 단어들로도
다 표현할 수 없는 사랑
풀은 마르고 꽃은 시들어도
영원히 쇠하지 않죠

주의 말씀 지혜의 말씀
듣는 마음을 나에게 주소서
주의 말씀 능력의 말씀
날 구원으로 인도하네

날 생명으로 인도하네
하나님께로 인도하네.

 ※지도자용 팩 또는 가스펠 프로젝트 홈페이지(gospelproject.co.kr)에서 이용하세요.

복음 초청

성경과 120쪽 복음 초청 가이드를 이용해서 아이들에게 그리스도인이 되는 법을 설명해 준다. 따로 상담해 줄 사람을 정해 주고 궁금한 점이 있으면 물어보도록 격려한다.

이 시간 예수님을 마음에 모시고 싶은 친구는 함께 기도해요.

기도

하나님, 지혜가 무엇인지 알려 주셔서 감사합니다. 지혜는 하나님께로부터 온다는 것을 알게 되었습니다. 하나님을 두려워하고 말씀에 순종하는 지혜로운 사람이 되기를 원합니다. 우리가 우리 마음대로 살지 않고, 하나님의 말씀에 순종할 수 있도록 성령님 도와주세요. 예수님의 이름으로 기도합니다. 아멘.

적용

TIP 설교 도입이나 적용으로 활용하거나 영상을 본 뒤 소그룹으로 나누어 풍성한 대화를 이어 갈 수 있습니다.

어떤 일이 옳다고 확신하고 있었는데, 나중에 알고 보니 그렇지 않았던 경험이 있나요? 그 경험을 떠올리면서 다음 영상을 보기로 해요.

적용 예화 영상(지도자용 팩)을 보여 준다.

넬은 어쩌다 그런 잘못된 결정을 하게 되었을까요? 넬이 잘못 알고 있었던 것은 무엇인가요? 혹시 여러분도 중요한 사실을 놓쳤던 경험이 있었나요? 자신이 틀렸다는 것을 알았을 때 기분이 어땠나요? 아이들의 대답을 기다린다. 모든 사실을 다 알고 있는 분은 누구인가요? (하나님) 그렇다면 우리를 항상 바른 길로 인도해 줄 수 있는 분은 누구일까요? 만약 우리가 하나님이 알려 주시는 것들을 무시하고 우리 마음대로 결정을 내린다면 어떤 일이 벌어질까요? 아이들의 대답을 기다린다.

가스펠 소그룹

10~20분

나침반

어떤 풍선을 날려야 할까?

[준비물] 2단원 암송(122쪽), 학생용 교재 48쪽, 연필이나 색연필

① 아이들에게 아래 빈칸에 알맞은 단어를 생각해 보게 한다.

② 필요하지 않은 풍선에 ✕표시를 하라고 하고, 남은 풍선을 조합하여 잠언 2장 6~7절을 완성하게 한다.

③ 초성 힌트를 사용해 아래 문장의 빈칸을 채우게 한다.

④ 암송 구절과 주제를 여러 번 읽으며 외우게 한다.

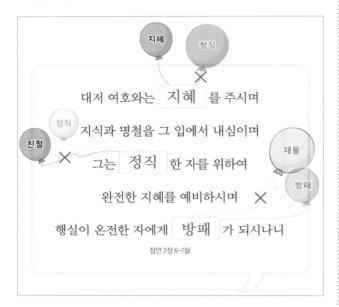

대저 여호와는 지혜 를 주시며
지식과 명철을 그 입에서 내심이며
그는 정직 한 자를 위하여
완전한 지혜를 예비하시며
행실이 온전한 자에게 방패 가 되시나니

잠언 2장 6~7절

지혜로운 사람은 하나님을 두려워하고,
하나님의 말씀에 순종해요.

— 오늘 암송 구절을 통해 하나님은 우리에게 지혜와 깨달음을 주시는 분이라는 사실을 알게 되었어요. **지혜는 하나님을 두려워하고 하나님의 말씀에 순종하는 것이에요.** 그래서 우리에게 성경을 주셨지요. 성경은 하나님의 선물이에요. 우리가 예수님을 믿으면 하나님은 우리에게 성령님을 보내셔서 하나님의 말씀을 이해할 수 있도록 도와주세요.

보물 지도

○✕ 퀴즈

[준비물] 성경, 마스킹 테이프, ○와 ✕를 쓴 종이

① 성경에서 잠언 1장 1~7절, 3장 1~12절, 4장 10~19절을 펴고 성경 이야기를 간단히 복습한다.

② 바닥 가운데에 테이프를 길게 붙여 두 부분으로 나누고 오른쪽에는 ○, 왼쪽에는 ✕를 붙인다.

③ 인도자의 질문에 맞으면 ○쪽으로, 틀리면 ✕쪽으로 움직이라고 한다.

④ 가장 많이 정답을 맞힌 아이에게 작은 선물을 준다.

TIP 마지막 한 명이 남을 때까지 진행하는 게임방법을 택해도 좋다.

1 잠언은 다윗의 아들 솔로몬이 썼어요. (○/✕)

2 잠언은 지혜와 교훈을 얻고, 슬기로운 말씀을 깨닫기 위한 것이에요. (○/✕)

3 잠언은 어린이에게는 올바르게 판단할 수 있는 지혜를 주지 않아요. (○/✕)

4 여호와를 두려워하며 섬기는 것이 지식의 시작이에요. (○/✕)

5 하나님의 명령을 우리 마음에 잘 간직하지 않아도 되어요. (○/✕)

6 모든 일에서 하나님을 인정하면, 하나님이 우리의 갈 길을 알려 주세요. (○/✕)

7 악인의 길에 발을 내딛고, 악한 사람의 길로 다녀도 되어요. (○/✕)

8 악인의 길은 어둠 같아요. (○/✕)

— 성경을 잘 읽고 퀴즈에 참여했나요? 성경은 예수님이 하나님의 말씀이라고 말해요(요 1:1). 그리고 예수님은 지금도 살아 계시지요. 날마다 하나님의 말씀을 읽는 사람들은 하나님의 말씀으로 다듬어져 가요.

던져라! 말씀 속으로 *

[준비물] 바구니 3개, 종이 카드(잠언 성경구절이 적힌 카드), 슬리퍼, 마스킹 테이프

① 준비한 종이 카드(잠언 성경구절이 적힌 카드)를 3개의 바구니에 나누어 담아 둔다.

② 마스킹 테이프를 붙여 기준선을 만들고, 2m 떨어진 곳에 바구니를 둔다. 또는 다양한 위치에 두어도 무방하다.

③ 아이들에게 한 명씩 나와 슬리퍼를 던지게 하고, 슬리퍼가 들어간 바구니 안에 있는 종이 카드를 가져가게 한다.

④ 종이 카드에 적힌 성경구절을 읽고, 한 주 동안 말씀을 묵상하며

실천해 보라고 말해 준다.

══ 즐거운 게임을 통해 말씀을 하나씩 받았어요. 잠언의 말씀을 마음에 간직하며 하나님의 말씀대로 살아가길 바라요.

탐험하기

지혜의 왕 솔로몬은 어떤 왕이었나요?

[준비물] 학생용 교재 49쪽, 연필이나 색연필

① 가로, 세로, 대각선 방향으로 글자를 연결해 표에 숨어 있는 단어 10개를 찾아보게 한다.

② 찾은 단어들을 하나하나 읽어 보게 하고, 솔로몬이 지혜를 구한 이유와 지혜의 근본이 무엇인지 배운 내용을 떠올려 보게 한다.

TIP 정해진 시간 안에 단어를 몇 개까지 찾을 수 있는지 겨뤄 보는 것도 좋다.

══ 여러분이 찾은 단어들은 성경 속에 담겨 있는 하나님의 지혜와 관련된 것들이에요. 하나님의 말씀에는 우리에게 필요한 수많은 지혜와 지식이 담겨 있지요.

보물 상자

나만의 기록장

[준비물] 학생용 교재 50쪽, 연필이나 색연필

① 어떤 결정을 하기 전에 하나님의 지혜를 구해 본 적이 있는지 물

어본다. 반대로 하나님을 생각하지 않고 지혜롭지 못한 결정을 내린 적이 있는지 이야기를 나누어 본다.

② 자신의 경험을 떠올려 보면서 ①번의 상황을 그림이나 글로 표현하게 한다.

══ 우리는 누구나 지혜롭지 못한 결정을 내릴 때가 있어요. 하나님의 지혜가 특별히 더 필요할 때도 있지요. 예수님은 완벽하게 지혜로운 분이시기 때문에, 예수님을 믿고 의지하면 우리가 하나님의 말씀을 읽을 때 지혜를 주세요.

메시지 카드

이번 주 메시지 카드로 부모님과 함께 오늘 배운 성경 이야기를 나누어 보라고 한다.

기도

하나님, 예수님을 보내 주셔서 죄와 어리석음으로부터 구원해 주시니 감사합니다. 하나님께로부터 오는 지혜를 구합니다. 하나님의 말씀을 통해 우리가 지혜로운 길을 가도록 함께해 주세요. 하나님의 말씀을 읽을 때, 성령님 도와주셔서 잘 깨닫고 말씀대로 순종하게 도와주세요. 예수님의 이름으로 기도합니다. 아멘.

9

솔로몬이 성전을 지었어요

왕상 6~8장

본문 속으로

🔍

다윗은 하나님을 위해 성전을 짓고 싶었지만 하나님이 허락하지 않으셨습니다. 하나님은 다윗의 아들 솔로몬이 성전을 지을 것이라고 말씀하셨습니다. "네 수한이 차서 네 조상들과 함께 누울 때에 내가 네 몸에서 날 네 씨를 네 뒤에 세워 그의 나라를 견고하게 하리라. 그는 내 이름을 위하여 집을 건축할 것이요 나는 그의 나라 왕위를 영원히 견고하게 하리라"(삼하 7:12~13).

왕이 된 솔로몬은 성전을 지을 재료들을 모으기 시작했습니다. 그는 백향목과 잣나무를 레바논에서 뗏목으로 실어 오도록 했습니다. 솔로몬은 이스라엘 모든 지역에서 3만 명의 일꾼들을 모아 성전을 건축할 돌을 캐내고 목재를 다듬게 했습니다.

성전은 매우 정교하게 만들어졌습니다. 성전의 내부는 백향목으로 만든 후 순금을 입혔습니다. 솔로몬이 이스라엘 왕이 된 지 4년 무렵에 시작된 성전 건축은 완공하기까지 7년이 걸렸습니다. 또한 솔로몬은 금제단과 금상들, 순금등대와 같은 하나님의 성전에 둘 모든 기구를 금으로 만들었습니다(왕상 7:48~50 참조).

성전을 봉헌할 때가 되자 이스라엘 백성은 예루살렘으로 모였습니다. 제사장들이 언약궤를 지성소로 옮기자 구름이 여호와의 성전을 가득 채웠습니다. 여호와의 영광이 성전에 가득 찬 것입니다.

솔로몬은 하나님께 기도했고, 다윗과의 언약을 지키신 하나님을 찬양했습니다. 그는 하나님이 성전에만 거하시는 분이 아님을 알았습니다. 솔로몬은 이렇게 말했습니다. "하나님이 참으로 땅에 거하시리이까 하늘과 하늘들의 하늘이라도 주를 용납하지 못하겠거든 하물며 내가 건축한 이 성전이오리이까"(왕상 8:27). 솔로몬은 이스라엘 백성과 함께 하나님께 어마어마한 양의 제물로 제사를 드렸습니다.

● ● 티칭 포인트

성전은 하나님이 하나님의 백성과 만나는 곳이었고, 하나님의 백성이 하나님께 예배를 드리는 장소였다는 것을 아이들에게 알려 주십시오. 제사장들조차 특별한 절차를 따라야만 하나님의 백성을 대표해 하나님께 나아갈 수 있었습니다. 예수님은 우리를 위해 십자가에서 죽으심으로 이 모든 것을 바꾸셨습니다. 우리의 죄를 짊어지신 예수님이 죄인들이 하나님께 나아갈 수 있는 길을 열어 놓으셨다는 것을 아이들이 기억할 수 있게 도와주십시오.

주 제

하나님은 하나님의 백성 가운데 거하실 성전을 짓게 하셨어요.

가스펠 링크

예수님은 십자가에서 죽으심으로 우리의 죄를 다 없애 주셨어요. 누구나 예수님을 믿으면 하나님께 나아갈 수 있어요.

솔로몬이 성전을 지었어요 왕상 6~8장

다윗이 죽자 그의 아들 솔로몬이 이스라엘의 왕이 되었어요. 하나님은 솔로몬에게 지혜를 주셨고, 솔로몬은 하나님을 위한 성전을 짓기 시작했어요. 이 성전은 성막을 대신할 곳이에요. 성막은 하나님이 이스라엘 백성을 이집트에서 데리고 나오신 후 수백 년 동안 이스라엘 백성과 만나신 장소였어요. 솔로몬은 수만 명의 일꾼이 성전 짓는 일을 돕도록 명령했어요. 일꾼들은 백향목을 베었고, 큰 돌들을 깎았어요. 그리고 성전의 기초를 놓고 벽을 쌓아 올렸어요.

하나님은 솔로몬에게 약속하셨어요. "만약 네가 내 명령을 지키고 순종하면 내가 너를 통해 네 아버지 다윗에게 준 약속을 이룰 것이다. 또한 내가 이스라엘 자손들 가운데 살 것이고 내 백성 이스라엘을 버리지 않을 것이다."

성전이 완성되기까지 7년이 걸렸어요. 성전은 정성을 들여 아주 아름답게 만들어졌지요! 성전 안쪽 벽에 두른 백향목 널빤지에는 조롱박과 활짝 핀 꽃을 아로새겨 꾸몄고, 그 곳 전체에 순금을 입혔어요. 솔로몬은 놋을 다루는 대장장이에게 물을 담을 놋그릇과 같은 성소에서 쓸 놋 기구들을 만들게 했어요.

이제 성전은 완성되었고, 시온 산에 있던 언약궤를 예루살렘의 성전으로 가져올 때가 되었어요. 언약궤에는 십계명이 새겨진 돌판이 들어 있었어요. 솔로몬은 이스라엘의 지도자들을 불러 모았어요. 제사장들은 언약궤와 성막과 그 안에 있는 거룩한 물건들을 옮겼고, 솔로몬과 그곳에 모인 사람들은 하나님께 양과 소를 제물로 드렸어요.

제사장들은 언약궤를 성전 안 지성소에 두었어요. 지성소는 성막의 가장 안쪽에 있는 방으로 대제사장만이 들어갈 수 있었어요. 그들이 성소에서 나오자 구름이 성전을 가득 채웠어요. 하나님의 영광이 성전에 가득했어요.

솔로몬이 이스라엘 백성에게 말했어요. "이스라엘의 하나님께 찬양을 드리자. 하나님께서는 그분의 입으로 내 아버지 다윗에게 '네 아들이 성전을 건축할 것이다'라고 약속하신 것을 이루셨다."

솔로몬은 하늘을 향해 팔을 들고 기도했어요. "이스라엘의 하나님, 하늘 위에도 땅 밑에도 주와 같은 신은 없습니다." 그런 다음 솔로몬은 앞으로 다가올 일에 대해 생각했어요. 그는 이스라엘 백성이 다시 죄를 지어 하나님을 화나게 할 것을 알고 있었어요. 솔로몬은 하나님께 용서를 구했고, 백성의 기도를 들어주시기를 간절히 기도했어요.

기도를 마친 솔로몬은 사람들에게 하나님을 사랑하고 하나님께 순종하라고 당부했어요. 솔로몬과 이스라엘 백성은 하나님께 제사를 드렸어요. 사람들은 하나님이 그들에게 하신 모든 선한 일에 기뻐하고 즐거워하며 집으로 돌아갔어요.

●●● 가스펠 링크

하나님은 거룩하시기 때문에 오직 제사장들만이 특별한 절차를 거쳐 그분 앞에 나아갈 수 있었어요. 평범한 사람들은 절대로 거룩하신 하나님 앞에 직접 나아갈 수 없었어요. 그러나 예수님이 이 모든 것을 바꾸셨어요. 예수님은 십자가에서 죽으심으로 우리의 죄를 다 없애 주셨어요. 이제 예수님을 믿고 의지하기만 하면 누구나 하나님께 스스럼없이 나아갈 수 있게 되었어요.

👑 환영

도착하는 아이들을 반갑게 맞이하고 헌금, 출석, QT 등을 확인하며 격려한다. 새 친구가 있다면 소개한다. 편안한 분위기에서 안부를 물으며 오늘의 말씀과 관련된 화제로 이야기를 나눈다. 아이들에게 교회의 어떤 점이 좋은지 물어본다. 오늘은 최초로 지어진 성전에 대해 배우게 될 것이라고 이야기해 준다. 자발적으로 대화에 참여하도록 이끈다.

예) "친구에게 우리 교회를 소개한 적이 있나요?", "처음 교회의 모습은 어땠을까요?" 등.

💝 마음 열기

설명 듣고 설계도 그리기 *

[준비물] A4 용지, 연필이나 색연필

▬▬▬ 여러분, 설계도가 무엇인지 알고 있나요? 설계도란 건물을 어떻게 지을지 건축 계획을 그림으로 나타낸 설명서예요. 이제부터 제가 여러분에게 설계도를 말로 설명해 줄 거예요. 여러분은 옆 친구의 그림을 보지 않고, 제가 시키는 그대로 그림을 그려 나가면 되어요. 그런 다음 그림이 완성되면 옆 친구들과 그린 것을 비교해 보기로 해요.

① 설계도를 그릴 수 있도록 지시 사항을 하나씩 말해 준다. 아이들의 수준에 맞춰 세부적인 사항을 더하거나 빼어 난이도를 조절한다.

　1. 큰 직사각형을 그리세요.

　2. 그 직사각형 위에 삼각형을 그리세요.

　3. 큰 직사각형 안에 작은 정사각형 3개를 그려 넣으세요.

　4. 작은 정사각형 안에 십자(十) 모양을 그리세요.

② 각자 그린 설계도를 함께 비교해 보고 이야기를 나눈다.

▬▬▬ 여러분이 그린 것은 무엇의 설계도일까요? (집) 여러분은 모두 같은 설명을 들었는데 왜 그림들이 조금씩 다를까요? 오늘 우리는 이스라엘 백성이 하나님의 구체적인 지시에 따라 아주 특별한 집을 지은 이야기를 배우게 될 거예요.

카드 탑 쌓기 *

[준비물] 20장짜리 색인 카드 2세트

① 아이들을 두 팀으로 나누고 각 팀에게 색인 카드를 한 세트씩 준다.

② 시간을 정해 놓고 팀별로 카드를 가지고 탑을 쌓게 한다.

③ 1분 후에 탑의 높이를 재어 어떤 탑이 가장 높은지 정한다.

④ 탑을 가장 높이 쌓지는 못했지만, 제일 협동을 잘한 팀도 뽑아 본다.

▬▬▬ 다들 힘을 합쳐 멋진 탑을 쌓았군요. 오늘 우리가 배울 이야기를 보면, 솔로몬도 이제껏 본 적이 없는 가장 멋진 집을 짓기 위해 사람들을 모아 건축 팀을 만들었어요.

가스펠 설교

15~30분

들어가기

[준비물] 안전모, 종이 몇 장이 끼워진 클립보드, 종이, 펜

클립보드를 들고 들어온다. 마치 타일 수를 세거나, 공간의 크기를 재 듯 천장을 쳐다본다. 아이들이 있는 것을 이제야 알아차린 듯 말한다.

오, 안녕하세요, 여러분! 3차 오디션까지 오신 걸 진심으로 축하해요! 우리는 이번 주에 퀴즈쇼 스튜디오를 새롭게 단장할 계획이에요. 여러분은 강아지 집이든 인형 집이든 집을 지어 본 적이 있나요? 아이들의 대답을 기다린다. 지어 본 적이 없어도 상관없어요. 여러분 정도의 실력이면 얼마든지 이곳을 멋지게 꾸밀 수 있을 거예요. 여러분의 창의적인 아이디어와 솜씨로 이곳을 멋지게 바꿔 주세요. 여러분이 저보다 퀴즈쇼 스튜디오를 더 근사하게 꾸밀 것 같은 예감이 드네요. 사실 예전에 저는 학교 과제로 새집을 만들어 본 적이 있는데, 그만 새가 드나들 구멍을 만드는 걸 깜빡했지 뭐예요! 여러분은 집 짓는 일을 얼마나 잘하나요? 이곳을 어떻게 꾸며 볼까요? 아이들의 대답을 기다린다.

연대표

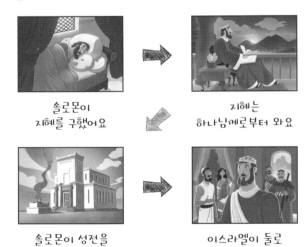

솔로몬이 지혜를 구했어요

지혜는 하나님께로부터 와요

솔로몬이 성전을 지었어요

이스라엘이 둘로 나뉘었어요

예배실을 꾸미기 전에 2단원에서 지금까지 배운 내용들을 복습해 볼까요? 연대표를 가리키며 지금까지의 성경 이야기들을 간단하게 복습한다. 몇 주 전 우리는 솔로몬이 하나님께 하나님의

백성을 이끌 지혜를 구했다는 이야기를 배웠어요.

지난주에는 지혜로운 사람은 어떻게 한다고 배웠지요? 지혜로운 사람은 하나님을 두려워하며 섬기고 하나님께 순종한다고 했어요. 솔로몬은 잠언이라는 책에 지혜가 담긴 말들을 많이 써 놓았어요. 오늘 배울 성경 이야기의 제목은 "솔로몬이 성전을 지었어요"예요. 그렇게 큰일을 해내려면 솔로몬에게 정말 큰 지혜가 필요했을 것 같군요. 과연 솔로몬은 하나님을 위해 어떤 성전을 지었을까요?

성경의 초점

오늘의 '성경의 초점'이 생각나네요. 혹시 기억나는 사람 있나요? 맞아요! **지혜는 어디서 오나요? 지혜는 하나님께로부터, 하나님의 말씀을 통해서 와요.**

성경 이야기

열왕기상 6~8장을 펴고, 설교 영상(지도자용 팩)을 보여 주거나 이야기 성경을 들려준다.

하나님은 하나님의 백성 가운데 거하실 성전을 솔로몬에게 짓게 하셨어요. 성경은 성전이 매우 아름다웠다고 말해요. 이스라엘 백성이 이제껏 본 적이 없을 정도였지요. 백성은 성전을 볼 때마다 하나님이 얼마나 놀랍고 거룩하신 분인가를 떠올렸어요. 성전의 아름다움뿐만 아니라 성전의 구조도 하나님의 거룩함을 드러냈어요.

성전은 하나님이 모세에게 주셨던 성막의 구조 그대로 만들어졌어요. 성전에는 사람들이 하나님께 나아와 예배를 드릴 수 있는 장소인 뜰과 오직 제사장들만 들어갈 수 있는 거룩한 장소인 성소가 있었어요. 성소 안에는 지성소라고 불리는 정사각형 모양의 방이 있었는데, 이곳에 하나님의 언약궤가 놓여 있었어요. 하나님은 바로 이 지성소에서 이스라엘 백성을 만나 주셨어요.

하나님은 거룩하시기 때문에 제사장들만 하나님께 나아갈 수 있었어요. 그리고 오직 대제사장만 일 년에 한 번 지성소에 들어갈 수 있었지요. 그것도 하나님이 명령하신 특별한 절차에 따라 자신을 깨끗하게 한 다음에야 가능했어요. 보

통 사람들은 절대로 하나님께 직접 나아갈 수 없었어요. 그 당시 백성은 자신의 죄를 용서받기 위해 매년 하나님께 제물을 드려야 했어요. 하지만 예수님이 십자가에서 죽으심으로 이 모든 것을 바꾸어 놓으셨어요. 예수님은 완전하고 영원한 속죄 제물이 되셔서 우리의 죗값을 대신 치르셨어요. 예수님을 주님이자 구원자로 믿고 의지하는 사람은 죄를 용서받고 하나님께 직접 가까이 나아갈 수 있어요.

예수님을 믿는 사람 안에는 성령님이 계신다고 말해요. 우리 몸은 하나님의 성전이나 마찬가지예요. 우리가 어디를 가든 우리 안에 계신 성령님이 함께하시니까 결국 하나님은 우리가 어디에 있든 늘 함께하세요!

복 / 습 / 질 / 문

1 성전은 무엇을 대신하게 되었나요?

　성막

2 제사장들은 지성소에 무엇을 두었나요?

　언약궤 (왕상 8:6)

3 제사장들이 지성소에서 나오자 어떤 일이 일어났나요?

　하나님의 영광의 구름이 성전을 가득 채웠다 (왕상 8:10~11)

4 솔로몬은 하나님께서 어떻게 해 주시기를 기도했나요?

　이스라엘 백성이 성전에서 하나님께 기도하고 제사를 드릴 때 듣고 응답해 주시기를 기도했다 (왕상 8:30~32)

5 지혜는 어디서 오나요?

　지혜는 하나님께로부터, 하나님의 말씀을 통해서 와요.

 ## 복음 초청

성경과 120쪽 복음 초청 가이드를 이용해서 아이들에게 그리스도인이 되는 법을 설명해 준다. 따로 상담해 줄 사람을 정해 주고 궁금한 점이 있으면 물어보도록 격려한다.

이 시간 예수님을 마음에 모시고 싶은 친구는 함께 기도해요.

 ## 기도

하나님, 오늘 성경 이야기를 통해 하나님과 만날 수 있는 곳, 하나님의 영광이 가득한 성전에 대해 배웠습니다. 예수님을 보내 주셔서 우리의 죄를 없애 주시고 하나님께 가까이 갈 수 있게 해주셔서 감사합니다. 우리와 언제나 어디서나 함께하시는 하나님을 찬양합니다. 하나님 사랑합니다. 예수님의 이름으로 기도합니다. 아멘.

 ## 적용

TIP 설교 도입이나 적용으로 활용하거나 영상을 본 뒤 소그룹으로 나누어 풍성한 대화를 이어 갈 수 있습니다.

혹시 멀리 사는 친구를 둔 사람 있나요? 그 친구와 만날 때면 조금이라도 더 오래 같이 있고 싶지요? 그런 생각을 하면서 다음 영상을 보기로 해요.

적용 예화 영상(지도자용 팩)을 보여 준다.

만약 프레디가 테디네 집 바로 옆에 집을 지었다면 어땠을까요? 그랬다면 더 많은 시간을 함께 보낼 수 있었을까요? 아이들의 대답을 기다린다. 하나님은 어디에 사시나요? 어떻게 하면 우리도 하나님과 더 많은 시간을 보낼 수 있을까요? 아이들의 대답을 기다린다. 성전은 하나님이 하나님의 백성과 함께 사시는 집과 같아요. 예수님 덕분에 이제 우리는 성전에 갈 때뿐만 아니라 언제나 어디서나 하나님과 함께 살 수 있게 되었어요!

가스펠 소그룹

10~20분

나침반

어떤 선물일까? 어떤 사람이 받을까?

[준비물] 학생용 교재 54쪽, 성경, 연필이나 색연필

① 다 함께 암송 구절을 읽거나 외워 본다. 자원하는 아이가 있다면 외워 보게 한다.

② 사다리 힌트로 선물의 뜻을 찾아 잠언 2장 6~7절의 말씀을 완성하게 한다.

③ 문장을 살펴보며 의미를 설명해 주고, 어떤 사람에게 이런 선물을 주시는지 밑줄을 그어 보게 한다.

대저 여호와는 <u>지혜</u> 를 주시며 <u>지식</u> 과 <u>명철</u> 을
그 입에서 내심이며 그는 <u>정직한 자</u>를 위하여
완전한 <u>지혜</u> 를 예비하시며
<u>행실이 온전한 자</u>에게 <u>방패</u> 가 되시나니   잠언 2장 6~7절

— 2단원 암송 구절은 하나님이 우리에게 지혜와 깨달음을 주시는 분이라는 사실을 알려 주고 있어요. 우리는 하나님의 말씀을 읽고 순종할 때 하나님께로부터 지혜를 얻어요.

보물 지도

예 또는 아니오

[준비물] 학생용 교재 55쪽, 성경, 연필이나 색연필

① 다음 문제가 맞는지 틀린지 성경에서 찾아 예/아니오에 ◯표 하게 한다.

1. 성전을 완성하는 데 8년이 걸렸어요(왕상 6:38). [예 / 아니오] 7년

2. 제사장이 성소에서 나올 때 구름이 여호와의 성전에 가득했어요(왕상 8:10). [예 / 아니오]

3. 성전은 하나님이 계시는 곳이에요(왕상 8:13). [예 / 아니오]

4. 지성소에는 대제사장만 들어갈 수 있어요(히 9:7). [예 / 아니오]

5. 우리는 아직도 하나님께 나아가기 위해 성전이 필요해요(히 4:14~16). [예 / 아니오]

② 문제를 풀고 나면 모두 눈을 감고 솔로몬의 성전 모습을 상상해 보라고 한다. 열왕기상 8장 4~11절을 읽어 주는 것도 좋다.

— 하나님은 하나님의 백성 가운데 거하실 성전을 솔로몬에게 짓게 하셨어요. 하나님의 임재를 상징하는 구름이 성전에 가득했지요. 예수님을 믿으면 우리 안에 성령님이 함께하세요. 우리가 어디로 가든 하나님이 우리와 늘 함께 계시는 것이지요. 그래서 우리 몸을 하나님의 성전이라고도 해요.

탐험하기

솔로몬이 지은 성전은 어떤 모습이었을까?

[준비물] 학생용 교재 55쪽, 연필이나 색연필

① 번호 순서대로 점들을 연결하여 솔로몬의 성전을 완성해 보게 한다.

② 멋진 성전의 모습이 담긴 사진을 보여 주거나 이야기를 들려주고 성전을 지을 때 참여한 사람들의 마음가짐 등에 대해 이야기를 나누어 본다.

예) 스페인의 사그라다 파밀리아 성당, 터키의 성소피아 성당, 독일의 쾰른 성당, 미국의 수정교회, 명동 성당, 제주 아름다운교회, 초기 한국교회 사진 등.

③ 성전에 꼭 필요한 것이 무엇인지 이야기를 나누고 마무리한다.

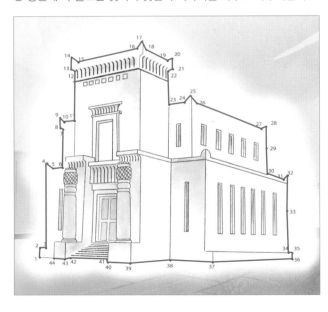

— 여러분이 번호 순서대로 선을 이어서 완성한 그림은 솔로몬이 지은 성전의 모습을 상상해서 그린 것이에요. 실제 성전의 모습은 이 그림보다 훨씬 화려하고 멋졌을 거예

요. 왜냐하면 하나님의 영광이 가득했기 때문이에요. 더욱 놀라운 것은 솔로몬의 성전에 함께하셨던 하나님의 영광이 지금 우리와도 함께하신다는 것이에요. 예수님이 십자가에서 죽으시고 다시 살아나신 후 우리의 마음은 하나님이 계시는 하나님의 집이 되었어요! 우리는 흔히 교회라고 하면 예배드리는 건물을 떠올릴 때가 많은데, 사실 교회란 예수님을 사랑하고 예수님께 순종하는 그리스도인들의 모임을 뜻하기도 해요. 그리고 하나님을 예배하기 위해 모인 사람들이 곧 교회예요. 하나님은 하나님을 믿고 사랑하는 사람들의 마음속에 계시기 때문이죠.

우리 교회 그리기 *

[준비물] 도화지, 연필

① 아이들을 데리고 교회 건물이 한눈에 보이는 곳에 다녀온다. 상황이 여의치 않으면 사진을 미리 찍어 아이들에게 보여 준다.

② 아이들에게 도화지를 나누어 주고 우리 교회를 그림으로 그려 보게 한다.

━━ 하나님은 하나님의 백성 가운데 거하실 성전을 솔로몬에게 짓게 하셨어요. 하나님이 함께하시는 우리 교회, 하나님이 기뻐하시는 우리 교회가 되도록 함께 기도해요.

맛있는 과자 성전 *

[준비물] 맛있는 과자 성전(125쪽 또는 지도자용 팩), 생크림 또는 요거트, 면이 넓은 칼, 웨하스 또는 크래커, 접시, 화이트보드, 보드마커

① 아이들을 3~4명씩 묶어 팀을 나누고, 125쪽에 성전 단면도를 보여준다. 간단하게 성전에 대해 나누어도 좋다.

② 생크림을 풀처럼 사용하여 웨하스를 접시나 다른 웨하스에 붙이는 시범을 보여 준다.

③ 아이들이 웨하스 또는 크래커를 알맞은 크기로 자르고 붙여 성전 모형을 만들 수 있도록 도와준다.

TIP 알레르기 문제가 없다면, 만들고 남은 재료를 나누어 먹어도 좋다.

━━ 성전은 백성이 모여 하나님을 예배하고, 제사장들이 백성을 대표해 하나님께 죄를 용서받기 위한 제물을 바치는 곳이었어요. 사람들은 직접 하나님께 나아갈 수 없었고 그들이 받은 용서도 영원한 것이 아니었지요. 예수님의 십자가 죽음 덕분에 우리는 하나님께 직접 나아가

고 우리의 죄도 영원히 용서받게 되었어요. 우리는 하나님께 계속해서 제물을 바칠 필요가 없어요. 왜냐하면 예수님이 우리를 위해 완전하고 영원한 제물이 되셨기 때문이에요. 성전도 더 이상 필요 없어요. 예수님을 믿고 의지하는 사람들의 마음에 하나님이 계시기 때문이지요. 우리는 영원히 하나님과 함께할 수 있어요. 대제사장이신 예수님이 우리를 회복시키고 하나님과 함께 살 수 있게 해주셨으니까요.

 # 보물 상자

나만의 기록장

[준비물] 학생용 교재 56쪽, 연필이나 색연필

① 하나님이 우리와 함께하시기 때문에 달라졌거나, 달라질 모습을 생각해 보게 한다.

② 그 모습을 그림이나 글로 표현하게 한다.

━━ 예수님을 믿고 의지하는 우리의 마음에 하나님이 항상 함께하세요. 우리 자신이 하나님의 성전인 것을 잊지 않고, 언제나 어디서나 하나님을 예배하길 바라요.

메시지 카드

이번 주 메시지 카드로 부모님과 함께 오늘 배운 성경 이야기를 나누어 보라고 한다.

기도

신실하신 하나님, 언제나 우리와 함께하시는 하나님을 찬양합니다. 예수님을 믿고 의지하는 우리가 하나님의 성전인 것을 잊지 않게 해주세요. 예수님을 보내 우리의 죄를 없애 주시고 우리를 하나님께 나아가게 해주신 것 감사합니다. 하나님 사랑합니다. 예수님의 이름으로 기도합니다. 아멘.

10

이스라엘이 둘로 나뉘었어요

왕상 11~12장

성경의 초점

지혜는 어디서 오나요?
지혜는 하나님께로부터,
하나님의 말씀을 통해서 와요.

본문 속으로

솔로몬은 하나님을 사랑했습니다. 그는 하나님께 지혜를 구했고, 하나님의 성전을 짓는 일에 헌신했습니다. 그러나 우리는 솔로몬의 마음이 하나님께 완전히 드려지지 않았다는 것을 엿볼 수 있습니다. 솔로몬은 이방 여인들을 아내로 맞았고, 결국 그들은 솔로몬의 마음을 하나님에게서 멀어지게 만들었습니다(왕상 11:4 참조).

솔로몬은 자신이 믿었던 것들을 하나씩 버리기 시작했습니다. 이스라엘은 하나님에게 등을 돌리는 역사를 반복해 왔으며, 솔로몬도 예외는 아니었습니다.

하나님은 솔로몬에게 진노하셨습니다. 하나님은 거짓 우상들을 따르지 말라고 두 번이나 그에게 경고하셨습니다. 결국 하나님은 솔로몬에게 "네게 이러한 일이 있었고 또 네가 내 언약과 내가 네게 명령한 법도를 지키지 아니하였으니 내가 반드시 이 나라를 네게서 빼앗아 네 신하에게 주리라"(왕상 11:11)라고 말씀하셨습니다.

그러나 하나님은 유다 지파를 솔로몬의 아들 르호보암에게 남겨 두심으로 다윗에게 한 약속을 지키셨습니다(삼하 7:16 참조).

하나님은 솔로몬을 대항할 적을 일으키셨습니다. 솔로몬의 신하였던 여로보암을 이스라엘 10지파의 지도자로 세우셨습니다. 베냐민 지파의 일부는 여로보암을, 다른 일부는 르호보암을 따랐습니다. 솔로몬이 죽자 온 이스라엘이 르호보암을 왕으로 모시기 위해 모였습니다. 그들은 르호보암을 찾아가 솔로몬이 그들에게 지운 짐을 덜어 달라고 요청했습니다. 그러나 르호보암은 그들의 요구를 거절했습니다. 오히려 그들에게 더 힘든 일을 시키겠다고 엄포를 놓았습니다.

이스라엘은 르호보암을 배반하고 여로보암을 그들의 왕으로 삼았습니다. 오직 유다 지파만이 르호보암 편에 남았습니다. 이제 왕국은 이스라엘이라 불리는 북쪽의 왕국(여로보암 왕)과 유다라 불리는 남쪽의 왕국(르호보암 왕)으로 나뉘었습니다.

● ● 티칭 포인트

어떤 왕도 하나님의 백성을 완벽하게 이끌지 못했습니다. 아이들에게 하나님은 하나님의 백성에게 더 나은 왕, 완전한 왕을 보낼 계획을 갖고 계셨다는 것을 이야기해 주십시오. 하나님은 르호보암을 위해 남겨 둔 단 하나의 지파에서 다윗의 가문을 통해 예수님을 이 땅에 보낼 것이라 약속하셨습니다. 영원한 왕이신 예수님은 모든 하나님의 백성을 다시 하나님께로 인도하실 것입니다.

주 제

하나님이 솔로몬의 죄 때문에
이스라엘을 두 나라로 나누셨어요.

가스펠 링크

예수님은 하나님의 백성을 불러 모아
다시 하나님께로 인도하실 거예요.

이스라엘이 둘로 나뉘었어요 왕상 11~12장

솔로몬은 하나님을 사랑했지만, 그의 마음을 하나님께 온전히 드리지는 않았어요. 솔로몬에게는 다른 나라에서 온 아내가 수백 명 있었는데, 그들은 솔로몬이 하나님에게서 멀어지게 만들었어요. 솔로몬은 아내들이 섬기는 가짜 신들을 섬겼고, 가짜 신들에게 제사를 드릴 수 있는 산당을 짓기도 했어요.

하나님은 그런 솔로몬에게 진노하셨어요. 하나님은 "네가 내 언약과 내 규례를 지키지 않았으므로 내가 이 나라를 반드시 네게서 빼앗을 것이다. 그러나 네 시대에는 그렇게 하지 않고 네 아들이 왕이 되면 빼앗아 찢을 것이다. 하지만 네 아들에게 한 지파를 줄 것이다"라고 말씀하셨어요. 하나님은 이스라엘 땅의 대부분을 다스릴 왕으로 솔로몬의 신하인 여로보암을 선택하셨어요.

솔로몬이 죽자 그의 아들 르호보암이 왕이 되었어요. 이스라엘 백성이 그를 찾아와 말했어요. "왕의 아버지는 우리에게 무거운 멍에를 지우고 혹독한 노동을 시켰습니다. 이 무거운 멍에를 가볍게 해 주시면 저희가 왕을 섬기겠습니다." 르호보암은 친구들의 조언을 들은 후 이렇게 말했어요. "내 아버지께서 너희에게 무거운 멍에를 지우셨다고 했느냐? 나는 그 멍에를 더 무겁게 할 것이다."

그것은 하나님의 백성이 듣고 싶었던 대답이 아니었어요. 그들은 더 이상 르호보암을 왕으로 섬기고 싶지 않았어요. 그래서 여로보암을 자신들의 왕으로 삼았어요. 오직 한 지파만 르호보암의 편에 남았는데, 바로 남쪽에 있는 유다 지파였어요. 결국 이스라엘은 북 이스라엘과 남 유다로 나뉘게 되었어요. 한 지파만을 다스리는 왕이 되고 싶지 않았던 르호보암은 북 이스라엘을 공격하려고 했어요. 그러나 하나님은 선지자 스마야를 보내 그를 막으셨어요. 하나님은 스마야를 통해 "너희는 올라가지도 말고 네 형제 이스라엘 자손들과 싸우지도 말라. 너희는 각자 집으로 돌아가라. 이 일은 내게서 나온 것이기 때문이다"라고 말씀하셨어요.

이제 여로보암이 북 이스라엘을 다스리게 되었어요. 그런데 북쪽에 있는 사람들이 하나님을 예배하기 위해 남쪽에 있는 예루살렘 성전으로 가자, 여로보암은 두려웠어요. 그들이 다시 르호보암을 왕으로 삼을지도 모른다고 생각했기 때문이에요. 여로보암은 금송아지 2개를 만들었어요. 그러고는 북 이스라엘의 백성에게 "예배드리러 예루살렘에 올라가는 것은 힘든 일이다. 이스라엘아, 여기 너희를 이집트에서 이끌어 낸 너희 신들이 있다"라고 말했어요.

여로보암의 행동은 죄였어요. 이스라엘 백성을 이집트에서 데리고 나온 신은 금송아지들이 아니었어요. 백성을 인도하신 분은 하나님이시니까요. 여로보암은 이스라엘이 유다보다 더 좋은 곳인 것처럼 보이게 하려고, 하나님이 금지하신 산당을 만들고 가짜 명절도 만들었어요. 여로보암은 가짜 신을 섬기는 길로 이스라엘 백성을 인도했어요.

●● 가스펠 링크

하나님의 백성을 완벽하게 바른길로 이끈 왕은 없었어요. 지혜를 구했던 솔로몬도 죄를 지었고, 그의 죄 때문에 이스라엘은 두 나라로 나뉘었어요. 하나님의 백성에게는 완전한 왕이 필요했어요. 하나님은 예수님을 다윗의 자손으로 보내 하나님의 백성을 위한 완전하고 영원한 왕으로 세울 계획을 갖고 계셨어요. 예수님은 하나님의 백성을 불러 모아 다시 하나님께로 인도하실 거예요.

가스펠 준비 10~20분

환영

도착하는 아이들을 반갑게 맞이하고 헌금, 출석, QT 등을 확인하며 격려한다. 새 친구가 있다면 소개한다. 편안한 분위기에서 안부를 물으며 오늘의 말씀과 관련된 화제로 이야기를 나눈다. 아이들에게 부모님 말씀을 듣지 않아서 꾸중을 듣거나 벌을 받은 적이 있는지 물어본다. 형제자매와 싸워서 부모님이 벌로 각자 따로 놀도록 떼어 놓은 적이 있는지 물어본다. 아이들이 자발적으로 대화에 참여하도록 이끈다.

예) "형제자매와 싸운 적 있나요?", "싸우고 나서 무엇이 달라졌나요?", "서로 다시 사이가 좋아지도록 어떻게 했나요?"

▭ 오늘 배울 내용에는 한 나라였지만 두 개의 나라로 나뉘게 된 슬픈 이야기가 나와요. 오늘의 성경 이야기를 통해 왜 그런 일이 생겼는지 알아볼 거예요.

마음 열기

마음이 나뉘었어요! *

[준비물] 큰 종이 하트, 투명 테이프

① 아이들을 한 곳으로 모은 후, 한 아이에게 큰 종이 하트를 주며 한 조각을 찢어 간직하고 나머지는 옆 친구에게 주라고 말한다.

② 모든 아이들이 한 조각씩 가질 때까지 찢고 건네기를 반복한다.

③ 서로 가지고 있던 조각들을 모아 퍼즐을 맞추듯 하트 모양을 만들어 보라고 한다.

④ 모양을 다 맞추면 테이프로 연결 부위를 붙이라고 한다.

▭ 우리가 찢어진 하트를 테이프로 다시 붙였지만 원래의 하트처럼 예쁘지는 않네요, 그렇죠? 오늘 성경 이야기에서 솔로몬이 자기 마음이 나뉘도록 내버려 두자 어떤 일이 벌어졌는지 배우게 될 거예요.

나머지 반쪽은 어디에! *

[준비물] '나머지 반쪽은 어디에!'(지도자용 팩), 물건 그림들(바지, 티셔츠, 모자 등)

① 아이들에게 물건 그림들을 나누어 주고 반으로 잘라 보라고 한다.

② 지도자용팩에 '나머지 반쪽은 어디에!'를 복사해 나누어 주고, 나머지 반쪽을 그려 보게 한다.

③ 온전한 물건을 반으로 자르려고 할 때 기분이 어땠는지, 반쪽짜리 물건 그림에 나머지 반쪽을 그려 넣을 때의 기분은 어땠는지 말해 보게 한다.

▭ 온전한 물건을 반으로 나누려고 할 때 기분이 어땠나요? 오늘 우리는 하나였던 나라가 둘로 나뉘는 가슴 아픈 이야기를 듣게 될 거예요. 어떻게 해서 하나였던 나라가 둘로 나뉘게 되었는지 한번 들어 보세요.

가스펠 설교

15~30분

 들어가기

[준비물] 종이 몇 장이 끼워진 클립보드, 성경

클립보드와 성경을 들고 들어온다.

안녕하세요, 여러분! 결승전까지 올라온 것을 진심으로 축하해요! 이번 주에는 옛날 방식으로 간단한 퀴즈쇼를 진행할 텐데요, 제가 질문을 아주 많이 던질 거예요. 어떤 질문은 쉽고, 어떤 질문은 어려워요. 똑똑한 분들만 남으셨으니 여러분에게 딱 안성맞춤이겠죠? 정신만 똑바로 차리시면 됩니다. 할 수 있겠지요? 아주 좋습니다!

 연대표

자원자를 몇 명 뽑아 2단원의 주제들을 말해 보게 한다. 아이들이 기억하지 못하는 부분이 있으면 연대표를 가리키며 각 과의 주제를 외울 수 있게 도와준다.

· 하나님이 솔로몬에게 하나님의 백성을 이끌 지혜를 주셨어요.
· 지혜로운 사람은 하나님을 두려워하고 하나님의 말씀에 순종해요.
· 하나님은 하나님의 백성 가운데 거하실 성전을 짓게 하셨어요.

고마워요! 주제를 잘 기억하고 있군요. 그런데 오늘 배울 성경 이야기는 행복한 이야기가 아닌 것 같아요. 제목이 "이스라엘이 둘로 나뉘었어요"인 걸 보니 말이에요.

솔로몬이
지혜를 구했어요

지혜는
하나님께로부터 와요

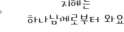

솔로몬이 성전을
지었어요

이스라엘이 둘로
나뉘었어요

 성경의 초점

솔로몬은 그 당시 사람들 중에서 가장 지혜로운 사람이었어요. 하지만 솔로몬도 다른 사람들처럼 죄를 지었어요. 솔로몬은 지혜가 어디서 오는지 몰랐던 것일까요? 다 같이 '성경의 초점'을 말해 볼까요? **지혜는 어디서 오나요? 지혜는 하나님께로부터, 하나님의 말씀을 통해서 와요.** 이제 성경 이야기를 들으면서 솔로몬이 어떤 잘못을 저질렀는지 살펴보기로 해요.

 성경 이야기

열왕기상 11~12장을 펴고, 설교 영상(지도자용 팩)을 보여 주거나 이야기 성경을 들려준다.

하나님은 솔로몬에게 지혜뿐만 아니라 많은 재산과 오래 사는 복까지 주셨어요. 솔로몬이 하나님을 사랑하고 하나님의 말씀에 순종하면 언제나 그와 함께 계시겠다는 약속도 하셨어요.

솔로몬은 하나님을 사랑했어요. 하지만 이방 여자와 결혼하지 말라는 하나님의 명령을 어기고 그들과 결혼을 했어요. 이방 여자들은 하나님을 사랑하지 않았어요. 그들은 가짜 신들을 섬겼고 결국 솔로몬도 가짜 신들을 섬기게 만들었어요. 솔로몬은 자기 마음을 하나님께 온전히 드리지 않았어요. 솔로몬의 행동에 화가 나신 하나님은 솔로몬의 신하였던 여로보암을 통해 솔로몬의 가문을 어려움에 처하게 만드셨어요. 솔로몬이 죽자 그의 아들 르호보암이 왕이 되었어요. 하지만 르호보암은 솔로몬을 도왔던 나이든 신하들의 말을 듣지 않고, 자신의 젊은 친구들이 하는 어리석은 말을 따랐어요. 그 결과 대부분의 백성은 르호보암 대신 여로보암을 왕으로 선택했지요.

하나님은 솔로몬의 죄 때문에 이스라엘을 두 나라로 나누셨어요. 솔로몬은 하나님의 백성을 온전히 이끌지 못했어요. 백성에게는 완전한 왕이 필요했어요! 하나님은 자신의 아들 예수님을 다윗의 자손으로 보내셔서 하나님의 백성을 위한 완전하고 영원한 왕으로 삼으실 거예요.

예수님을 믿고 의지하기 전에 우리의 마음은 죄로 가득 차 있어요. 죄는 우리를 하나님에게서 멀어지게 해요. 왜냐하면 하나님은 거룩하셔서 죄와 함께하실 수 없기 때문이에요. 그 죄를 없앨 수 있는 유일한 방법은 하나님께 우리의 죄를 고백하고 예수님이 십자가에서 죽으심으로 우리의 죗값을 치르셨다는 것을 믿고 의지하는 것뿐이에요. 예수님이 하나님께 온전히 순종하신 덕분에 우리는 하나님과 영원히 함께 있을 수 있답니다!

복 / 습 / 질 / 문

1 솔로몬에게는 몇 명의 아내가 있었나요?

하나님을 모르는 이방인 아내가 1,000명이나 있었다 (왕상 11:1~3)

2 솔로몬의 아내들은 솔로몬이 어떤 일을 하게 만들었나요?

하나님을 떠나 다른 신들을 따르게 만들었다 (왕상 11:4)

3 솔로몬이 하나님을 떠나자 하나님은 어떻게 하겠다고 말씀하셨나요?

솔로몬의 나라를 빼앗아 솔로몬의 신하에게 줄 것이다. 그러나 이 일은 솔로몬의 아들이 왕이 되었을 때 일어날 것이다 (왕상 11:11~13)

4 르호보암은 어떤 잘못을 저질렀나요?

짐을 덜어 달라고 부탁하는 백성에게 더 힘든 일을 시키겠다고 말했다 (왕상 12:14~15)

5 여로보암은 백성이 남쪽 유다로 가지 않고 북쪽 이스라엘에 남아 있게 하기 위해 어떤 죄를 지었나요?

금송아지 2개를 만들어 신으로 섬기게 했다 (왕상 12:28~30)

6 지혜는 어디서 오나요?

지혜는 하나님께로부터, 하나님의 말씀을 통해서 와요.

 복음 초청

성경과 120쪽 복음 초청 가이드를 이용해서 아이들에게 그리스도인이 되는 법을 설명해 준다. 따로 상담해 줄 사람을 정해 주고 궁금한 점이 있으면 물어보도록 격려한다.

이 시간 예수님을 마음에 모시고 싶은 친구는 함께 기도해요.

 기도

하나님, 오늘 솔로몬의 이야기를 통해 우리의 힘만으로 온 마음을 다해 하나님을 사랑하는 것이 얼마나 어려운지 알게 되었습니다. 이 모든 것이 우리 안에 있는 죄 때문이라는 것을 깨닫게 해주셔서 감사합니다. 죄인인 우리를 위해 예수님을 보내 주셔서 영원한 생명을 주신 하나님을 찬양합니다. 예수님의 이름으로 기도합니다. 아멘.

 적용

TIP 설교 도입이나 적용으로 활용하거나 영상을 본 뒤 소그룹으로 나누어 풍성한 대화를 이어 갈 수 있습니다.

사이가 좋았던 친구들이 이제 더 이상 같이 놀지 않기로 했다면 어떻게 될까요? 그런 생각을 하면서 다음 영상을 보기로 해요.

적용 예화 영상(지도자용 팩)을 보여 준다.

영상에서 친구들은 왜 같이 놀 수 없게 되었나요? 아이들의 대답을 기다린다. 이 영상을 통해 잘못된 지도자를 따를 때 어떤 일이 생기는지 알게 되었어요. 우리가 바른 지도자를 따르고 있는지 확인할 수 있는 방법은 무엇일까요? 아이들의 대답을 기다린다. 우리가 따라야 할 완벽한 지도자는 누구인지 한번 생각해 보아요. 맞아요, 바로 예수님이에요. 하지만 우리도 솔로몬처럼 잘못을 저지를 때가 있어요. 우리는 어떤 때 예수님을 따르지 못하나요? 아이들의 대답을 기다린다.

솔로몬이 더 이상 하나님을 믿고 의지하지 않자 하나님은 이스라엘을 두 개의 약한 나라로 나누어 버리셨어요. 예수님만이 우리가 따를 완벽한 지도자세요. 예수님의 나라는 결코 나뉘거나 약해지지 않지요.

가스펠 소그룹

10~20분

나침반

사라진 구절 암송하기

[준비물] 2단원 암송(122쪽), 화이트보드, 보드마커, 포스트잇

① 다 함께 암송 구절을 읽는다. 포스트잇으로 한두 단어를 가리고 다시 읽어 본다.

② 읽는 횟수가 증가할 때마다 가리는 단어의 수를 늘려 읽기를 반복한다.

───── 오늘 암송 구절은 하나님이 말씀을 통해 우리에게 지혜를 주신다는 사실을 알려 주고 있어요. 솔로몬은 지혜로운 사람이었지만 죄를 지었어요. 오직 한 사람만 완전한 지혜, 하나님께 순종하는 지혜를 보여 주었어요. 그분은 바로 예수님이에요! 우리가 예수님을 우리의 구원자로 믿고 의지하면 하나님은 우리에게 지혜를 주세요.

보물 지도

가스펠 프로젝트

[준비물] 학생용 교재 60쪽, 부록 93~95쪽, 연필이나 색연필, 바둑알

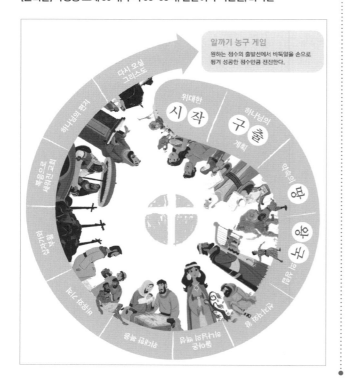

알까기 농구 게임
원하는 점수의 출발선에서 바둑알을 손으로 퉁겨 성공한 점수만큼 전진한다.

① 교재 60쪽의 빈칸에 '가스펠 프로젝트'(하나님의 구원 계획)의 제목들을 적어 보게 한다.

② 둘씩 짝을 짓게 하고, 부록 93쪽을 펴서 알까기 농구 게임을 한다.

③ 1점부터 3점 중 도전할 점수 라인에 바둑알을 두게 한다.

④ 바둑알을 손가락으로 퉁겨 농구 골대에 골인하면 도전한 점수만큼 1~3칸씩 전진하게 한다.

⑤ 농구 골대에 골인하지 못했을 경우 기회는 상대방에게 넘어가고, 먼저 '다시 오실 그리스도'에 도착한 아이가 이긴다고 말해 준다.

───── 하나님은 아브라함, 이삭, 야곱에게 언약하신 대로 그들의 자손을 약속의 땅으로 이끄셨어요. 약속의 땅에 정착한 이스라엘 백성은 하나님을 잊고 우상을 섬기는 죄를 반복했어요. 하나님은 이스라엘 백성이 돌이킬 때마다 사사를 통해 구원해 주셨지요. 그런데 이스라엘이 이웃 나라들처럼 왕을 세워 달라고 했어요. 사울이 첫 번째 왕이 되었고 다윗, 솔로몬으로 왕위가 이어졌어요. 그러나 솔로몬 이후에 이스라엘은 둘로 갈라지고 말았어요. 이스라엘 백성에게 정말 필요했던 것은 무엇이었을까요? 하나님은 그들을 위해 어떤 계획을 갖고 계셨을까요? 하나님의 구원 계획의 한가운데에는 위대하고 완전한 왕 예수님이 계세요.

탐험하기

둘로 나뉜 이스라엘

[준비물] 학생용 교재 61쪽, 연필이나 색연필

① 북 이스라엘은 빨간색, 남 유다는 노란색으로 색칠하게 한다.

② 북 이스라엘과 남 유다 왕의 이름을 적어 보게 한다.

③ 두 나라 사이에 있는 흐린 글씨를 따라 써 보게 한다.

───── 이스라엘은 원래 온전한 나라였어요. 하지만 솔로몬의 죄 때문에 북 이스라엘과 남 유다로 갈라졌어요. 북 이스라엘은 여로보암이, 남 유다는 르호보암이 다스리게 되었어요. 은혜로우신 하나님은 유다 지파를 르호보암에게 남겨 두셔서 다윗의 나라가 영원히 계속될 것이라는 약속을 지키셨어요. 우리는 성경에서 손꼽히는 왕들조차 어리석은 선택을 하는 것을 보았어요. 가짜 신들을 섬기게 된 것이지요. 그들의 잘못과 죄를 보면서 우리는 지혜의 왕이신 예수님께 더욱더 소망을 품게 되지요. 십자가에서 죽으시고 부활하

신 예수님 덕분에 우리는 하나님의 자녀라는 본모습을 되찾을 수 있어요.

되돌릴 수 있을까? *

[준비물] 종이 접시, 붓, 물이 담긴 컵, 물감(빨강, 노랑, 파랑), 도화지

① 아이들에게 종이 접시, 붓, 약간의 물이 들어 있는 컵을 하나씩 준다.

② 접시마다 빨강, 노랑, 파랑 세 가지 색의 물감을 조금씩 짜 준다.

③ 아이들에게 그리고 싶은 그림을 그리되 초록, 주황, 보라 세 가지 색만 사용해야 한다고 규칙을 알려 준다.

④ 아이들이 삼원색을 가지고 이차색을 만들어 낼 수 있도록 도와준다.

예) · 빨강+노랑=주황

· 노랑+파랑=초록

· 빨강+파랑=보라

⑤ 그림을 다 그리고 나면 섞어 놓은 물감을 원래대로 되돌릴 수 있는지 아이들에게 물어 본다.

━━━ 한 번 섞인 물감을 원래대로 되돌릴 수 있었나요? 그래요, 되돌릴 수 없었어요! 마찬가지로 솔로몬이 가짜 신들을 섬기기 시작하자 그의 마음에는 아무도 되돌릴 수 없는 변화가 일어났어요. 그 변화는 솔로몬의 나라에도 나쁜 영향을 미쳤지요! **하나님이 솔로몬의 죄 때문에 이스라엘을 두 나라로 나누셨으니까요.** 우리의 마음에도 죄가 들어오면 우리의 힘으로는 결코 되돌릴 수 없는 변화가 일어나요. 하지만 감사하게도 우리가 어떻게 해도 바꿀 수 없는 우리 마음의 죄를 예수님은 바꾸실 수 있어요! 하나님은 예수님을 보내 우리를 죄에서 구하셨어요. 그래서 우리가 예수님을 믿고 의지하면, 마구 섞인 물감을 원래의 색으로 되돌리듯이 하나님이 우리의 마음을 하나님과 더 가까워지는 마음으로 바꾸어 주신대요.

🎁 보물 상자

나만의 기록장

[준비물] 학생용 교재 62쪽, 연필이나 색연필

① 도움이 필요할 때나 도움의 말을 듣고 싶을 때 누구를 찾아가는지 물어본다.

② 도움의 말을 듣고 행동했을 때 어떤 결과가 나타났는지 그림이나 글로 표현하게 한다.

━━━ 르호보암은 지혜로운 조언과 어리석은 조언을 들었어요. 하나님의 사람의 조언과 친구들의 조언이었지요. 안타깝게도 르호보암은 어리석은 조언을 따랐어요. **지혜는 하나님께로부터, 하나님의 말씀을 통해서 와요.** 우리가 지혜로운 선택을 하려면 하나님의 말씀을 보고 들어야 해요. 말씀을 가까이하며 지혜로운 선택을 하길 바라요.

메시지 카드

이번 주 메시지 카드로 부모님과 함께 오늘 배운 성경 이야기를 나누어 보라고 한다.

기도

하나님, 우리도 르호보암처럼 지혜로운 조언을 따르지 않을 때가 있습니다. 솔로몬처럼 하나님이 아닌 다른 것에 마음을 빼앗길 때가 있습니다. 우리를 용서해 주세요. 우리가 하나님을 두려워하며 하나님께 순종하는 마음을 지킬 수 있도록 도와주세요. 예수님의 이름으로 기도합니다. 아멘.

3 단원

주권자이신 하나님

솔로몬은 인생의 의미를 발견하기 위해 애썼습니다. 욥은 자신이 겪는 고통의 의미를 찾으려고 몸부림쳤습니다. 하나님은 그 의미를 깨닫게 하셨고, 주권자이신 하나님을 드러내셨습니다. 예수님은 우리의 삶이 혼란스럽거나 힘들 때에도 하나님을 찬양할 이유와 능력을 주십니다.

솔로몬이
산다는 것에 대해
생각했어요

The Gospel Project

욥이
고난을 받았어요

하나님을
찬양해요

카운트다운 – 하늘에서 책이 떨어진다면

카운트다운 영상(지도자용 팩)을 틀고 예배 준비 자세를 취하도록 격려한다. 예배가 시작되는 시간에 영상이 끝나도록 맞추어 놓는다. 영상이 끝나기 30초 전에 예배 인도자는 정해진 위치에 서서 조용히 기도하는 모범을 보인다.

무대 배경 – 나만의 도서관

교실을 도서관처럼 꾸민다. 교실 앞쪽에 큰 책상을 놓고 그 위에 책을 쌓은 뒤, '도서 반납'이라고 쓰인 팻말을 둔다. 화면에 나만의 도서관 배경 이미지(지도자용 팩)을 띄운다.

11

솔로몬이 산다는 것에 대해 생각했어요

전 1:1~11

성경의 초점

우리는 왜 하나님을 믿고 의지할 수 있나요?
하나님은 모든 일을 하나님의 영광과 우리의 유익을 위해 하시기 때문이에요.

본문 속으로

이렇게 사는 것이 다 무슨 소용인가? 모든 것이 허무하구나! 난 왜 여기에 있지? 산다는 것은 무슨 의미가 있을까? 난 무슨 목적으로 살아가는 것일까?

누구나 한 번쯤은 이런 질문들로 고민하게 됩니다. 가장 지혜로운 왕으로 알려진 솔로몬도 마찬가지였습니다. 인생에 대한 이러한 질문들을 다룬 책이 성경에 있는데, 바로 '전도서'입니다.

하나님은 솔로몬을 지혜로운 왕으로 만드셨습니다. 그는 40년 이상 이스라엘을 다스렸고, 지혜의 말을 담은 잠언을 쓰기도 했습니다. 그의 지혜는 널리 알려져 주변 왕들의 존경을 얻었습니다. 세상 누구보다 지혜로운 왕으로 알려진 솔로몬도 한 가지 문제를 두고 깊이 고민했습니다. 바로 "인생의 의미는 무엇인가?"라는 문제였습니다.

전도서의 첫 장은 인생의 무의미함과 덧없음에 관해 서술하고 있습니다. 저자는 "모든 것이 헛되다"(전 1:2)라고 말하며 인생을 관찰합니다. 한 세대가 가면 한 세대가 오고, 해는 지고 뜨고 또 집니다. 바람은 이리 불고 저리 불어 제자리로 돌아가고, 강물은 멈추지 않고 흐릅니다(전 1:4~7 참조).

하지만 왜 그럴까요? 하나님이 없다면 도대체 인간에게 무슨 목적이 있을까요? 아이들이 깊이 있는 철학적 고민에 시간을 쏟지는 않겠지만, 전도서를 공부하는 동안 성인기까지 이어질 생각의 기반을 마련하도록 도와주시기 바랍니다. 아이들이 창조주 하나님을 바라보게 해주십시오. 하나님은 이 세상 모든 것을 하나님의 영광을 위해 창조하셨고, 그의 아들을 통해 세상 만물에 목적을 부여하십니다.

예수님이 말씀하셨습니다. "도둑이 오는 것은 도둑질하고 죽이고 멸망시키려는 것뿐이요 내가 온 것은 양으로 생명을 얻게 하고 더 풍성히 얻게 하려는 것이라"(요 10:10).

●● 티칭 포인트

전도서를 공부하는 이 시간이 아이들이 인생에 대해 생각하는 기회가 되도록 도와주십시오. 궁극적인 삶의 목적과 소망은 우리를 위해 죽으시고 부활하신 예수님께 있다는 것을 가르쳐 주십시오. 복음이 우리 삶에 들어올 때 우리는 가치 있는 인생을 살게 됩니다. 복음은 인생에 관한 근본적인 질문에 대한 해답입니다. 우리는 예수님 안에서 인생의 목적을 발견하고, 그분과 함께하는 영원한 삶을 바라게 됩니다.

주제

살아가는 목적은 하나님 안에서만 찾을 수 있어요.

가스펠 링크

예수님은 우리가 하나님을 위해 살고, 풍성하고 의미 있는 삶을 살게 하려고 이 땅에 오셨어요.

솔로몬이 산다는 것에 대해 생각했어요 전 1:1~11

솔로몬은 이스라엘의 왕이었어요. 그는 아주 지혜로 웠지요. 하나님은 솔로몬에게 지혜를 주셨고, 솔로몬은 그의 지혜를 사람들과 나누었어요. 그는 오랜 시간 동안 산다는 것에 대해 생각했어요. 종종 인생이 허무하다고 느꼈어요.

솔로몬은 그런 생각을 글로 적어 놓았는데 그것이 바로 '전도서'예요. 솔로몬은 하나님이 계시지 않는다면 우리의 인생이 어떠할지 생각했어요. 솔로몬은 인생에 대해 이렇게 썼어요. 몇 문장을 읽어 줄게요.

"전도자가 말합니다. 허무하다. 허무하다. 정말 허무하다. 모든 것이 허무하다." 하나님을 떠나서는 모든 것이 허무하고 아무 것도 의미가 없어요.

"사람이 해 아래에서 열심히 일해서 얻는 것이 무슨 소용이 있는가?" 하나님을 떠나서, 그토록 애쓰고 해 아래에서 노력해 얻는 것이 무슨 의미가 있을까요? "한 세대가 가고 다른 세대가 오지만 이 땅은 영원히 남아 있다." 모든 것은 잠깐 있다가 사라져요. 어떤 것도 영원하지 않지요.

"해는 늘 떴다가 지고는 다시 그 떴던 곳으로 급히 돌아간다. 바람은 남쪽으로 불다가 다시 북쪽으로 돌이키며 이리저리 돌다가 다시 그 불던 대로 돌아가고, 모든 강물이 바다로 흘러가지만 바다는 가득 차는 법이 없고 강물은 흘러나왔던 그곳으로 다시 돌아간다." 이 세상은 늘 돌고 돌아가지요.

"하나님을 떠나서는, 모든 것에 피곤함이 가득 차 있어 사람의 말로는 다할 수 없고 눈은 아무리 보아도 만족스럽지 못하고 귀는 아무리 들어도 채워지지 않는구나!" 우리를 만족시키는 것은 하나님뿐이에요.

"예전 것이나 지금 것이 똑같고 예전 일이나 지금 일이 다 똑같으니 하나님을 떠나서는 해 아래 새로운 것이 없구나. 그러니 '보라, 새 것이로다!'라고 할 만한 것이 있겠는가? 그것은 이미 오래전부터 우리 시대 이전에도 있었던 것이다."

"하나님을 떠나서는, 아무도 이전 세대의 일은 기억하지 못하고 이제 올 일도 한번 지나가면 그 이후에는 기억에서 사라지게 마련이다."

솔로몬은 이 모든 것을 생각한 후 이렇게 결론을 내렸어요. "하나님을 두려워하고 그분의 계명을 지켜라. 이것이 사람의 본분이다. 하나님은 선악 간에 모든 행위를 그 숨은 일까지도 낱낱이 심판하신다." 이것이 바로 우리가 사는 이유랍니다.

● ● 가스펠 링크

하나님을 떠나서는 인생을 설명할 방법이 없어요. 하나님은 창조하신 모든 것에 목적을 주셨어요. 예수님만이 우리가 하나님의 뜻대로 살게 해주세요. 예수님은 우리가 하나님을 위해 살고, 풍성하고 의미 있는 삶을 살게 하려고 이 땅에 오셨어요 (요 10:10 참조).

가스펠 준비 10~20분

환영

도착하는 아이들을 반갑게 맞이하고 헌금, 출석, QT 등을 확인하며 격려한다. 새 친구가 있다면 소개한다. 편안한 분위기에서 안부를 물으며 오늘의 말씀과 관련된 화제로 이야기를 나눈다. 삶의 의미나 목적에 대해 생각해 볼 수 있는 질문으로 대화를 나눈다. 자발적으로 대화에 참여하도록 이끈다.
예)"20~30대에 무엇을 하고 있을까요?", "어떤 사람이 되고 싶은가요?" 등.

마음 열기

마지막 퍼즐 조각이 없다면? *

[준비물] 플로어 퍼즐(대형 바닥 퍼즐) 또는 종이 퍼즐

① 퍼즐 조각 하나를 감추어 두고 나머지 퍼즐 조각을 바닥에 펼쳐 놓는다.

② 종이 퍼즐을 사용할 경우에는 완성된 모양의 그림을 잘 보이는 곳에 비치해 둔다.

③ 다 함께 퍼즐을 맞춰 보게 한다. 한 조각만 남겨 둔 채 퍼즐이 완성되면 숨겨 두었던 조각을 채워 넣으며 의미를 설명한다.

═══ 조각이 부족한 상태에서 퍼즐을 맞추려니 어땠나요? 이 마지막 퍼즐 조각은 혼자 따로 있을 때는 아무 쓸모도 없지만 다른 조각들과 만나면 아주 중요한 존재가 되어요. 퍼즐이 완성되는 데 꼭 필요하거든요. 퍼즐 조각이 제 자리를 찾아 퍼즐의 목적을 완수했던 것처럼 우리 **인생도 하나님과 함께할 때에만 목적을 발견할 수 있어요.**

비눗방울 오래 버티기 *

[준비물] 비눗방울

① 아이들을 예배실 곳곳으로 흩어지게 한 다음 인도자가 비눗방울을 분다.

② 불기 전 아이들에게 비눗방울을 잡아 터뜨리지 않고 가능한 한 오래 들고 있으라고 말한다.

③ 비눗방울을 불고 잡기를 몇 분간 한 뒤 이 일에 대해 아이들과 이야기를 나눈다.

═══ 비눗방울을 잡아 오랫동안 들고 있는 것이 쉬웠나요,

어려웠나요? 비눗방울이 영원히 터지지 않을 수 없는 것처럼, 이 세상의 일들도 영원하지 않아요. 재미있고 특별한 일들도 우리 삶의 목적이 될 수는 없지요. 솔로몬은 이런 일에 대해 고민을 많이 했어요. 오랜 생각 끝에 그는 하나님이 없이는 인생을 설명할 길이 없다는 것을 알게 되었어요.

새로운 것은 없다! *

[준비물] 공

① 아이들을 예배실 곳곳에 흩어지게 한 다음 조각상과 같은 자세를 취해 보라고 한다.

② 인도자가 공을 공중에 던지면, 아이들은 그 공이 떠 있는 동안 새로운 자세를 취해야 한다.

③ 공을 받은 뒤에 움직이거나 같은 자세를 반복하거나 친구와 똑같은 자세를 취하면 제자리에 앉게 한다.

═══ 게임을 하는 동안 여러분은 매번 새로운 자세를 생각해 냈어요. 하지만 게임을 계속할수록 더 이상 새로운 자세를 생각해 내기가 쉽지 않았지요. 오늘 성경 이야기를 보면, 솔로몬은 해 아래에 있는 모든 것들이 새롭지 않다는 것을 발견했어요. 모든 일은 이미 예전에 일어났던 일이었지요.

가스펠 설교

15~30분

들어가기

[준비물] 성경, 책

한쪽 옆구리에 성경과 다른 책을 끼고, 다른 손으로는 책을 펼쳐 들고 읽으며 들어온다. 책에 정신이 팔려 들어오는 도중 벽과 가구에 자꾸 부딪친다.

아이들을 발견하고 오, 실례합니다. 며칠째 이 책을 읽느라 앞도 제대로 못 보고 다녔네요. 전 정말 책 읽는 것을 좋아해요. 여러분은 안 그런가요? 저는 솔로몬처럼 지혜로운 사람이 되고 싶어요. 솔로몬은 지혜로울 뿐 아니라 생각도 많이 했대요. 여러분 중에 가만히 앉아서 생각하는 것을 좋아하는 사람 있나요? 솔로몬은 정말 깊이 고민하는 사람이었어요. 그는 제가 평소에 머리 아파하는 문제들에 대해서도 생각을 많이 했더군요.

이 책들 중에서 '인생은 모두 허무한데 어떻게 살아야 할까?'라는 고민을 해결하는 데 도움이 될 만한 책이 있을까요? 다른 책은 다 내려놓고 성경을 집어 든다. 이 책이 오늘 우리에게 큰 도움이 되겠군요. 하지만 성경을 살펴보기 전에 오늘 이야기는 연대표 어디쯤에 있는지 찾아볼까요?

연대표

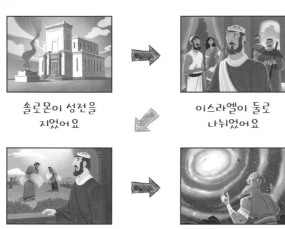

솔로몬이 성전을 지었어요

이스라엘이 둘로 나뉘었어요

솔로몬이 산다는 것에 대해 생각했어요

욥이 고난을 받았어요

연대표를 가리키며 말한다. 우와! 우리가 얼마나 멀리 왔는지 보

이나요? 이 이야기들은 모두 모여서 하나의 큰 이야기가 된다는 사실을 꼭 기억하세요! 하나님이 예수님을 통해 죄인들을 구원하시는 이야기 말이에요. 우리는 오늘 '인생이 무슨 의미가 있지?', '나는 지금 여기 왜 있는 걸까?'와 같이 평소 갖고 있던 질문들을 다루게 될 거예요. 오늘 배울 성경 이야기 "솔로몬이 인생에 대해 생각했어요"를 통해 그런 질문들에 대해 함께 고민해 보아요.

성경의 초점

3단원의 '성경의 초점'은 무엇일까요? 아이들의 대답을 기다린다. **우리는 왜 하나님을 믿고 의지할 수 있나요? 하나님은 모든 일을 하나님의 영광과 우리의 유익을 위해 하시기 때문이에요.** 오늘 성경 이야기를 잘 이해하려면 이 '성경의 초점'을 잘 기억하세요.

성경 이야기

전도서 1장 1~11절을 펴고, 설교 영상(지도자용 팩)을 보여 주거나 이야기 성경을 들려준다.

우와, 솔로몬은 진짜 지혜로웠군요. 성경을 보면 솔로몬은 자기 시대의 어떤 사람들보다 더 지혜로웠다는 것을 알 수 있어요! 하나님은 솔로몬이 성경에 몇 권의 책을 써서 그의 지혜를 다른 사람들과 나누도록 하셨어요.

솔로몬은 주위 사람들이 일하고, 놀고, 힘겨워하는 모습을 지켜보았어요. 그리고 자기가 보고 깨달은 것을 글로 썼지요. 솔로몬은 하나님과 멀어지면 날마다 뜨거운 태양 아래에서 아무리 열심히 일을 해도 그 결과에 만족함과 보람이 없다는 사실을 알게 됐어요. 이 땅의 것들은 영원하지 않아요. 오직 하나님만 영원하세요!

인생의 목적을 가지고 살아가고 싶다면 하나님과 사귀어야 해요. 그리고 하나님과의 사귐은 오직 예수님을 통해서만 이루어져요. 예수님은 죄인들을 구하시고 하나님과 가까워질 수 있도록 인도해 주세요.

살아가는 목적은 하나님 안에서만 찾을 수 있어요. 하나님은 창조하신 모든 것에 목적을 주셨어요. 하나님은 예수님을 보내서서 우리가 하나님의 뜻대로 살게 해주세요. 그분은 우리가 하나님을 위해 살면서 풍성하고 의미 있는 삶을 살게 하시려고 이 땅에 오셨어요. 우리의 목적은 하나님을 사랑하고, 하나님께 순종함으로 하나님께 영광을 돌리는 것이에요. 우리가 하나님을 사랑하고 하나님께 순종할 수 있는 것은 다 예수님이 우리를 구원하셨기 때문이에요.

복 / 습 / 질 / 문

1 전도서를 쓴 사람은 누구인가요?

전도자(설교자라는 의미), 다윗의 아들인 솔로몬 (전 1:1)

2 전도서의 시작 부분에서 솔로몬은 인생을 어떻다고 말하고 있나요?

모든 것이 헛되다 (전 1:2)

3 헛되다는 말은 어떤 의미일까요?

쓸모없다, 중요하지 않다, 성공적이지 않다, 의미가 없다

4 인생에 목적을 주시는 분은 누구인가요?

인생은 오직 하나님과 함께할 때에만 목적이 있어요

5 해 아래에서 새로운 것은 몇 개나 될까요?

해 아래에서 새로운 것은 하나도 없다 (전 1:9)

6 **우리는 왜 하나님을 믿고 의지할 수 있나요?**

하나님은 모든 일을 하나님의 영광과 우리의 유익을 위해 하시기 때문이에요.

 복음 초청

성경과 120쪽 복음 초청 가이드를 이용해서 아이들에게 그리스도인이 되는 법을 설명해 준다. 따로 상담해 줄 사람을 정해 주고 궁금한 점이 있으면 물어보도록 격려한다.

이 시간 예수님을 마음에 모시고 싶은 친구는 함께 기도해요.

 기도

사랑하는 하나님, 우리는 오직 하나님과 함께할 때에만 살아가는 목적을 발견하게 된다는 것을 배웠습니다. 선하신 하나님은 모든 일을 하나님의 영광과 우리의 유익을 위해 하시는 분이세요. 우리가 사는 동안 무섭거나 슬프거나 너무 힘들어도 하나님을 잊지 않게 해주세요. 우리가 하나님을 더

많이 믿고 의지할 수 있도록 도와주세요. 예수님의 이름으로 기도합니다. 아멘.

 적용

TIP 설교 도입이나 적용으로 활용하거나 영상을 본 뒤 소그룹으로 나누어 풍성한 대화를 이어 갈 수 있습니다.

여러분, 혹시 이해가 안 되는 일이 있나요? 산다는 것에 대해 '왜?'라고 묻고 싶은 적이 있었나요? 그런 경험을 떠올리면서 다음 영상을 보기로 해요.

🔘 적용 예화 영상(지도자용 팩)을 보여 준다.

영상 속 주인공은 형에게 계속 '왜?'라고 질문을 해요. 질문에 형은 항상 대답을 알고 있었나요? 아이들이 대답을 기다린다. 여러분도 주인공처럼 궁금한 것이 많을 것이에요. '공부는 왜 해야 하나요?', '우리 집은 왜 돈이 없나요?', '나는 왜 엄마와만 혹은 아빠와만 살아야 하나요?' 같은 것들 말이에요. 인생에서 일어나는 일들은 하나님을 떠나서는 이해가 잘 되지 않아요. **살아가는 목적은 하나님 안에서만 찾을 수 있어요.** 하나님은 선하시고, 우리를 사랑하시고, 신실하신 분이라는 것을 알아야 하나님을 믿고 의지해도 된다는 것을 이해할 수 있어요. 지금 당장 모든 질문에 대해 답을 얻을 수는 없지만 하나님은 그 답을 다 알고 계시고 모든 일들을 이끌어 가고 계세요. **우리는 왜 하나님을 믿고 의지할 수 있나요? 하나님은 모든 일을 하나님의 영광과 우리의 유익을 위해 하시기 때문이에요.**

가스펠 소그룹

10~20분

 ## 나침반

나만의 암송 카드

"여호와는 선하시니 그의 인자하심이 영원하고 그의 성실하심이 대대에 이르리로다"(시편 100:5).

[준비물] 학생용 교재 66쪽, 부록 95쪽, 연필이나 색연필, 스티커

① 암송 구절을 함께 읽은 뒤 어려운 단어를 설명해 준다.

② 흐린 글씨를 따라 시편 100편 5절 말씀을 써 보도록 한다.

③ 부록 95쪽 암송 카드를 멋지게 꾸며 소중한 사람에게 선물하게 한다.

━━ 나만의 암송 카드를 만들어 보았어요. 시편 100편 5절을 보면 하나님은 선하시고 믿을 수 있고 사랑이 많은 분이라고 말하고 있어요. 이런 분이라면 우리가 믿고 의지해도 될 것 같지요? 더 나아가 하나님은 예수님을 이 땅에 보내셔서 우리에 대한 하나님의 사랑과 선하심과 신실하심을 확실하게 보여 주셨어요. 예수님은 십자가에 죽으시고 다시 살아나셨어요. 우리가 예수님을 믿고 의지할 때 구원에 이르는 길이 되어 주세요.

 ## 보물 지도

몸으로 성경 읽기

[준비물] 성경

① 성경에서 전도서 1장을 펴고 아이들과 함께 성경 본문에 나오는 피조물들(해, 바람, 강, 기타 등)이 무엇이 있는지 알아본다.

② 아이들에게 각각 다른 피조물을 배정해 주고 내용에 맞는 동작을 생각해 낼 수 있도록 도와준다.

③ 아이들이 준비를 마치면 인도자가 성경을 읽는다.

④ 성경 말씀을 읽다가 자신에게 해당되는 부분이 나오면 준비한 동작을 하라고 한다. (동작을 하고 싶어 하지 않는 아이들은 그냥 성경을 읽도록 한다.)

━━ 모두 맡은 부분을 몸으로 잘 표현했어요! 솔로몬은 인생에 대해 정말 깊이 생각했던 것 같아요. 하나님은 솔로몬을 지혜롭게 하셨고 솔로몬은 그 지혜로 **인생은 하나님과 함께할 때에만 목적이 있다**는 사실을 깨달았어요.

 ## 탐험하기

무엇을 위해 만들었을까?

[준비물] 학생용 교재 67쪽, 연필이나 색연필

① 어떤 물건이나 시설의 쓰임새를 설명한 힌트를 이용해 단어 퍼즐을 완성해 보도록 한다.

② 각 물건의 사용 목적이 무엇인지 맞혀 보며 이야기를 나눈다.

━━ 이 물건이나 시설들이 어디에 쓰이는지 알고 나니 어떻게 사용해야 할지도 더 잘 알겠지요? 몇 가지 물건들은 도무지 어떤 목적으로 사용되는 것인지 알 수 없었던 것처럼 우리가 이 땅을 살아가는 목적도 이해하기 어려울 수 있어요. 솔로몬은 인생은 하나님과 함께할 때에만 의미가 있다는 사실을 깨달았어요. 하나님은 여러분이 살아야 할 목적을 알려 주세요.

하나님은 하나님을 믿고 의지하는 사람들을 통해 하나님의 놀라운 일을 하세요. 우리가 하나님을 섬기는 모습을 통해 하나님께 영광을 돌리는 것이 우리가 사는 목적이에요. 하지만 슬프게도 죄가 우리를 하나님에게서 멀어지게 하고 우리가 하나님께 영광을 돌리지 못하게 막아요. 그래서 하나님은 예수님을 보내셨어요. 예수님은 우리가 하나님과 다시 하나가 될 수 있도록 하나님께로 가는 길이 되어 주셨어요. 우리가 예수님을 믿고 의지할 때 하나님은 우리의 마음을 바꾸고 성령님으로 가득 채워 주세요. 예수님과 함께할 때 우리가 살아가는 목적을 이해하고 그 목적대로 살 수 있어요.

저마다 정해진 용도가 있어요! ∗

[준비물] 종이, 연필이나 색연필, 다양한 물건

① 아이들을 세 팀으로 나누고, 각 팀별로 예배실 안에 있는 다양한 물건을 가져오게 한다.

② 각 팀에게 5분 동안 가져온 물건의 일반적인 용도 외에 독특하고 창의적인 사용법을 생각해 종이에 쓰게 한다.

③ 주어진 시간이 다 되면 한 팀씩 찾아 낸 새로운 용도들을 발표하게 한다.

④ 특이한 용도를 가장 많이 생각해 낸 팀이 이긴다.

━━━ 여러분이 가져온 물건의 일반적인 용도 외에 특이한 용도를 생각해 내기가 쉬웠나요? 아이들의 대답을 기다린다. 여러분이 생각해 낸 용도 중에 원래 이 물건이 가지고 있는 용도보다 더 나은 게 있을까요?

하나님은 여러분 한 사람 한 사람을 목적을 가지고 만드셨어요. 어떤 면에서는 우리 각자가 다른 목적을 가지고 태어났지만, 또 다른 면에서는 우리 모두 하나의 목적을 가지고 만들어졌어요. 하나님은 우리 각자가 하나님께 영광을 돌리도록 우리를 창조하셨어요. 우리가 사는 모습은 조금씩 다르지만 결과는 같아요. 하나님이 영광을 받으시는 것이지요.

 ## 보물 상자

나만의 기록장

[준비물] 학생용 교재 68쪽, 연필이나 색연필

① 아이들에게 어른이 되었을 때 잡지의 표지 모델이 되었다고 상상해 보게 한다.

② 자신의 모습을 넣은 표지를 그리고, 사람들이 기억해 주었으면 하는 나만의 업적을 적어 보게 한다.

③ 하나님은 나에게 어떤 계획을 갖고 계실지 이야기를 나눈다.

━━━ 우리는 때때로 우리가 하나님보다 삶의 목적을 더 잘 안다고 생각해요. 하지만 하나님의 목적이 언제나 최고로 좋다는 것을 믿어야 해요. 하나님은 우리 한 사람 한 사람에게 남들과는 다른 재능, 성격, 그리고 소원을 주셔서 하나님의 영광과 우리의 유익을 위해 사용하려고 하세요. 하나님이 나에게 어떤 계획을 갖고 계실지 기대하며 우리의 삶을 통해 하나님께 영광 돌리길 바라요.

메시지 카드

이번 주 메시지 카드로 부모님과 함께 오늘 배운 성경 이야기를 나누어 보라고 한다.

기도

우리를 지으신 하나님을 찬양합니다. 하나님, 우리가 살아가는 의미와 목적을 알게 해주셔서 감사합니다. 하나님은 모든 일을 하나님의 영광과 우리에게 유익을 주기 위해 하시는 것을 알았습니다. 우리가 하나님을 더 많이 믿고 의지하며, 지으신 목적대로 살아가도록 함께해 주세요. 예수님의 이름으로 기도합니다. 아멘.

12

욥이 고난을 받았어요

욥 1~42장

본문 속으로

욥의 이야기는 오직 하나님만이 전능하시고 주권자이 시며 선하시다는 사실을 깨닫게 해줍니다. 이 이야기 는 누구에게나 적용될 수 있습니다. 이 세상을 살아가 는 사람이라면 누구나 고통을 겪기 때문입니다. 하나 님과 욥이 나누는 대화를 보면 하나님의 성품이 명확 하게 드러납니다.

"네가 너의 날에 아침에게 명령하였느냐 새벽에게 그 자리를 일러 주었느냐"(욥 38:12)라는 질문은 하나님이 전 능하시다는 것을 알려 줍니다. "독수리가 공중에 떠서 높은 곳에 보금자리를 만드는 것이 어찌 네 명령을 따 름이냐"(욥 39:27)라는 질문을 통해서는 하나님이 주권자 이심을 알 수 있습니다. 또한 "까마귀 새끼가 하나님을 향하여 부르짖으며 먹을 것이 없어서 허우적거릴 때에 그것을 위하여 먹이를 마련하는 이가 누구냐"(욥 38:41) 라는 질문은 하나님이 선하시다는 것을 보여 줍니다.

욥은 고통을 겪는 동안 결코 하나님을 떠나지 않았 습니다. 하나님의 질문에 대한 욥의 대답을 주목해 보

십시오. "보소서 나는 비천하오니 무엇이라 주께 대답 하리이까 손으로 내 입을 가릴 뿐이로소이다"(욥 40:4). 욥은 자신의 고통을 이해하지 못했습니다. 하지만 하 나님이 누구이신지는 알았습니다.

욥기는 인간이 살면서 겪는 고통을 여실히 보여 줄 뿐만 아니라, 고통을 겪는 인간이 하나님과 어떻게 관 계를 맺어야 하는지도 보여 줍니다. 욥은 때로로 하나 님에 대해 의구심을 가지기는 했지만 결코 하나님을 떠나지 않았습니다. 욥의 고통은 오히려 그가 하나님 께 더 가까이 가도록 만들었습니다.

욥은 예수님을 따르는 일이 그만한 가치가 있다는 사 실을 우리에게 알려 줍니다. 하나님은 선하시고, 고통 의 현장에 함께하시며, 모든 것을 주관하십니다. 우리 는 우리가 견뎌야 할 고통이 이해되지 않을 때도 하나 님을 믿고 의지할 수 있습니다. 하나님은 우리를 죄로 부터 완전히 구원하시는 궁극의 선을 성취하시기 위해 십자가라는 궁극의 고통을 사용하셨습니다.

● ● ● 티칭 포인트

아이들이 욥의 이야기를 이해하고 그 속에 숨은 뜻을 깨달을 수 있도록 기도하고 도와주십시오. 나아가 진정 으로 고통받는 종인 예수님께로 아이들을 인도해 주십 시오. 예수님은 참으로 아무 죄도 없이 가장 큰 고통을 받으셨습니다. 우리가 고통 중에나 기쁨 중에나 하나님 께 더 가까이 나아갈 수 있도록 하시기 위해서입니다.

주 제

욥은 하나님이 전능하시고 주권자이시며 선하시다는 것을 배웠어요.

가스펠 링크

욥의 이야기는 들으면 아무 죄도 없이 고난을 받으신 예수님이 생각나요. 예수님은 우리의 죗값을 치르고 이 땅의 고통을 끝내기 위해 고난을 받으셨어요.

이야기 성경

✝

욥이 고난을 받았어요 욥 1~42장

욥은 부자였어요. 그는 하나님을 사랑하고 하나님의 뜻을 따르고 싶어 했어요. 어느 날 사탄이 하나님 앞에 나타나자 하나님은 이렇게 말씀하셨어요. "내 종 욥을 유심히 살펴보았느냐? 세상에 그런 사람이 없다. 그는 정직한 자로서 하나님을 두려워하고 악을 멀리하는 사람이다." 사탄이 대답했어요. "욥은 하나님이 보호해 주시고 복을 주시니까 하나님을 따르는 것입니다. 만약 모든 것을 빼앗아 가신다면 더 이상 하나님을 따르지 않을 것입니다." 하나님은 사탄이 욥의 모든 것을 빼앗을 수 있도록 허락하셨어요. 하지만 욥의 몸에는 손대지 못하게 하셨어요. 사탄은 사람들을 보내 욥의 가축들을 훔치게 했고, 욥의 자녀들도 죽게 했어요. 하루 만에 욥은 자녀와 재산을 모두 잃었어요. 그럼에도 욥은 여전히 하나님을 따랐어요.

사탄이 또 하나님 앞에 와서 말했어요. "욥이 병에 걸리면 더 이상 하나님을 찬양하지 않을 것입니다." 하나님은 사탄이 욥을 병에 걸리게 하도록 허락하셨어요. 하지만 욥의 생명은 건드리지 못하게 하셨어요. 이제 욥의 몸은 온통 종기로 뒤덮였어요. 욥의 아내가 그에게 말했어요. "아직도 하나님을 믿나요? 차라리 하나님을 저주하고 죽어 버려요!" 그러자 욥은 "어리석은 말이군요. 하나님께 좋은 것만 받고 고난은 받지 않겠다는 것이오?"라고 대답했어요.

욥의 친구 엘리바스, 빌닷, 소발이 그를 찾아왔어요. 그들은 욥을 위로하기는커녕 이렇게 말했어요. "욥, 하나님께 순종하게. 자네가 죄를 그만 짓고 옳은 일을 행한다면, 하나님은 자네가 잃은 것들을 모두 되돌려 주실 거네." 욥이 대답했어요. "나는 하나님께 아무 죄도 짓지 않았다네." 욥은 누군가 자기를 대신해서 하나님께 말해 주면 좋겠다고 생각했어요. 자신이 왜 이런 고통을 겪는지 이해가 되지 않았고 해답을 알고 싶었어요.

마침내 엘리후라는 사람이 말했어요. "하나님은 사람보다 크십니다. 하나님은 잠잠히 계시지 않습니다. 하나님은 언제나 정의로우십니다."

바로 그때 하나님이 폭풍 가운데서 욥에게 말씀하셨어요. "내가 땅을 만들 때 네가 거기 있었느냐? 바다가 넘치지 못하도록 멈추게 한 사람이 너냐? 해가 언제 뜰지, 눈이 언제 내릴지 네가 정했느냐? 네가 하늘에 별을 두었느냐? 네가 독수리에게 언제 하늘로 날아오를지 명령할 수 있느냐?" 하나님은 욥이 하나님이 전능하시고 주권자이시며 선하시다는 것을 깨닫게 하셨어요. 욥은 하나님의 계획을 완전히 이해하지는 못했지만 하나님을 믿고 의지했어요. 하나님이 모든 것을 다 스리시니까요. 욥은 하나님을 의심했던 일에 대해 용서를 구했어요.

하나님은 욥이 잃었던 것을 모두 되돌려 주셨어요. 아니, 그보다 더 많이 주셨어요! 욥은 자녀를 10명이나 낳았고 140년을 더 살았어요. 그는 오래오래 살면서 손자와 증손자들이 태어나는 것까지 보았답니다.

●● 가스펠 링크

고통받던 욥은 하나님 앞에서 자신의 입장을 대변해 줄 *중재자를 원했어요. 욥의 이야기를 들으면 아무 죄도 없이 고난을 받으신 예수님이 생각나요. 예수님은 우리의 중재자세요. 예수님은 우리의 죗값을 치르고 이 땅의 고통을 끝내기 위해 고난을 받으셨어요. 우리가 예수님을 믿고 의지할 때 예수님은 우리를 하나님께로 이끌어 주세요.

*중재자 : 화해시키는 사람

가스펠 준비

10~20분

👑 환영

도착하는 아이들을 반갑게 맞이하고 헌금, 출석, QT 등을 확인하며 격려한다. 새 친구가 있다면 소개한다. 편안한 분위기에서 안부를 물으며 오늘의 말씀과 관련된 화제로 이야기를 나눈다. 아이들에게 이유를 알 수 없는 고통에 시달리는 사람을 본 적이 있으면 이야기해 달라고 한다. 자발적으로 대화에 참여하도록 이끈다.

예) "억울한 누명을 쓴 주인공이 등장하는 동화를 읽은 적이 있나요?", "고통 때문에 힘들어 하는 사람을 본 적이 있나요?" 등.

━━━ 죄가 세상에 들어오기 전에는 모든 것이 완벽했어요. 죄 때문에 이 세상에는 우리가 이해할 수 없는 힘든 일이 일어나게 되었지요. 가끔 인생이 아주 공평하지 않고 올바르지 않아 보일 때가 있어요. 오늘 성경 이야기에 나오는 욥이라는 사람은 극심한 고난을 겪었어요. 그는 그 고난을 겪으며 하나님에 대해 아주 중요한 사실을 알게 되었어요.

💝 마음 열기

언제 의지할까? *

[준비물] A4용지, 연필이나 색연필, 공(볼풀 공, 탱탱볼 등)

① 아이들에게 A4용지를 나눠 주고 반을 접게 한다.

② 한 쪽에는 가장 좋았던 일을, 다른 한 쪽에는 가장 나빴던 일을 그리거나 적게 한다.

③ 인도자가 한 아이에게 공을 건네면 공을 받은 아이는 자기에게 일어난 좋은 일과 나쁜 일을 이야기하는 식으로 게임이 진행된다고 설명해 준다.

④ 공을 받은 아이의 이야기가 끝나면 다 함께 "하나, 둘, 셋"을 세고 "하나님을 믿고 의지해"라고 외치게 한다.

⑤ 발표한 아이는 다른 아이에게 공을 넘기고 공을 받은 아이는 자신에게 일어났던 일을 이야기하게 한다.

━━━ 좋은 일이 있을 때에는 하나님을 믿고 의지하는 것이 쉬워 보여요. 그런데 나쁜 일이 있을 때에도 하나님을 믿고 의지하는 것이 쉬울까요? 오늘 성경 이야기의 주인공은 자기가 겪는 고통이 이해되지 않는 상황에서도 원망하지 않고 하나님을 믿고 의지했어요. 오늘 그 사람이 누구인지 어떤

어려움을 겪게 되었는지 함께 만나 보아요.

내가 좋아하는 슈퍼히어로 *

[준비물] 슈퍼히어로 그림

① 아이들에게 슈퍼히어로(슈퍼맨, 아이언맨, 스파이더맨 등) 그림을 보여 준다.

② 슈퍼히어로에게 어떤 능력이 있는지 함께 이야기를 나눠 본다.

③ 아이들에게 이러한 능력 중에서 어떤 능력이 제일 좋은 것 같은지 물어 본다.

━━━ 오늘 함께 이야기를 나누면서 능력이 많은 영웅들에 대해 알게 되었어요. 그러나 이 모든 슈퍼히어로보다 더 크고 위대한 분이 계세요. 바로! 하나님이세요. 오늘 성경에 나오는 욥은 큰 고난을 겪으며 하나님의 크신 능력에 대해 알게 되었어요. 오늘 말씀을 통해 하나님이 어떤 분인지, 어떤 능력을 가지신 분인지 함께 배워 보도록 해요.

가스펠 설교

들어가기

[준비물] 국어사전

한쪽 옆구리에 사전을 끼고 들어온다.

안녕하세요, 여러분. 전 오늘도 도서관에 와서 방금 이 책을 빌렸어요. 이게 무슨 책인지 아는 사람 있나요? 사전을 치켜들고 아이들에게 보여 준다. 맞아요, 이건 사전이에요. 전 오늘 이 책이 꼭 필요해요. 자주 들어 보긴 했는데 뜻을 잘 모르는 말들이 있거든요. 여러분, 혹시 '고난'이라는 말 들어 보았나요? 제가 사전을 펴고 뜻을 찾아볼게요. 귀를 쫑긋 세우고 잘 들어 보세요. 왜냐하면 오늘 이야기에 나오는 욥이라는 사람이 아주 많은 고난을 겪었다고 해요. 그런데도 욥은 하나님을 계속 믿고 의지했대요. 사전을 펴서 '고난'을 찾는다. 아, 여기 있군요. 사전에는 '고난'이란 "괴로움과 어려움을 모두 말한다"라고 나오네요. 괴로움이란 몸이나 마음이 편하지 않고 고통스러운 것을 말하지요. 설명을 읽고 보니 욥이 얼마나 힘들었을지 알 것 같아요.

연대표

이스라엘이 둘로 나뉘었어요

솔로몬이 산다는 것에 대해 생각했어요

욥이 고난을 받았어요

하나님을 찬양해요

연대표에서 이번 과의 제목을 가리킨다. 오늘 우리는 여기 있는 욥에 대해 이야기를 나눠 볼 거예요. 욥은 정말 힘든 일을 많이 겪었어요. 하지만 **욥은 하나님이 전능하시고 주권자이시며 선**

하시다는 것을 깨달았어요. 우리에게 힘든 일이 생겼을 때 하나님은 어떤 식으로 우리를 도와주시는지 오늘 성경 이야기를 배우며 함께 생각해 보아요.

성경의 초점

여러분은 하나님을 믿고 의지하나요? 욥은 자신의 삶에 어떤 일이 일어나더라도 하나님을 믿고 의지할 수 있다는 걸 알았어요. 3단원의 '성경의 초점'을 복습해 볼까요? **우리는 왜 하나님을 믿고 의지할 수 있나요? 하나님은 모든 일을 하나님의 영광과 우리의 유익을 위해 하시기 때문이에요.**

성경 이야기

욥기 1~42장을 펴고, 설교 영상(지도자용 팩)을 보여 주거나 이야기 성경을 들려준다.

정말 수많은 끔찍한 일들이 욥에게 일어났군요. 욥은 가축과 재산과 자녀를 잃었고 심지어 자신의 건강까지도 잃었어요. 하지만 이 모든 일을 겪으면서도 욥은 변함없이 하나님을 믿고 의지했어요.

욥의 세 친구들은 어땠나요? 그들은 왜 욥에게 그 모든 고통이 욥이 죄를 지었기 때문이라고 말했을까요? 아이들의 대답을 기다린다. 상황이 공평하지 않고 올바르지 않아 보이거나 여러분이 계획한 대로 잘되지 않을 때 여러분도 욥처럼 느끼나요? 아이들의 대답을 기다린다. 욥은 하나님이 자신에 관해 잘 모른다고 생각했어요. 만약 하나님을 만나 자신이 직접 이야기할 수 있다면 모든 오해가 풀리고 자신에게 닥친 어려움들도 다 해결될 것이라고 생각했지요. 고통을 겪은 욥은 자신을 하나님께 데려다 줄 중재자를 원했어요.

중재자라고 하니 예수님이 생각나는군요. 예수님은 우리의 중재자세요. 예수님은 스스로 아무 죄도 짓지 않으셨지만, 우리가 우리 죄 때문에 받아야 할 벌을 대신 받고 고통을 겪으셨어요. 예수님은 예수님을 믿고 의지하는 사람들을 하나님께로 데려가 주세요. 예수님은 나아가 우리를 의롭게 하시고 성령님까지 보내 주셨어요. 우리가 어떤 일을 만나든지 언제나 우리와 함께 계시는 성령님 말이에요. **욥은 하나**

님이 전능하시고 주권자이시며 선하시다는 것을 배웠어요. 그리고 욥의 이야기를 배우는 우리도 '성경의 초점'의 답을 알게 됐지요. **우리는 왜 하나님을 믿고 의지할 수 있나요? 하나님은 모든 일을 하나님의 영광과 우리의 유익을 위해 하시기 때문이에요.** 이해할 수 없는 일을 만나도, 우리는 여전히 하나님의 선하심을 믿고 의지할 수 있답니다!

복/습/질/문

1 욥은 어떤 사람이었나요?

하나님을 두려워하고 악을 멀리하는 정직한 사람이었다 (욥 1:1)

2 욥이 가장 먼저 잃은 것은 무엇이었나요?

가축들 (욥 1:13~14)

3 욥이 병들자 하나님을 욕하고 떠나라고 말한 사람은 누구였나요?

욥의 아내 (욥 2:9)

4 욥에게 고난이 닥친 것을 듣고 누가 욥을 찾아왔나요?

욥의 세 친구들 (욥 2:11)

5 하나님은 어떤 모습으로 욥에게 말씀하셨나요?

폭풍우 속에서 (욥 38:1)

 ## 찬양

감사함으로

온 땅이여 여호와를 높여 찬양하여라
기쁨으로 주께 나아가리라
주님은 나의 창조주 나는 주님의 백성
주의 귀한 어린양

온 땅이여 여호와를 높여 찬양하여라
기쁨으로 주를 노래하리라
주님의 선하심과 주의 인자하심이 영원하리로다

감사함으로 주께 나아가리
나의 마음 다하여 즐거이 찬양해
감사함으로 주 이름 높이리
나의 마음 다하여 기쁨으로 주를 찬양해

모두 찬양해 씽씽 할렐루야 기쁨으로 찬양해 씽씽 할렐루야
모두 주를 찬양해 씽씽 할렐루야 손뼉 치며 찬양해 원 투 쓰리 포!

 ※지도자용 팩 또는 가스펠 프로젝트 홈페이지(gospelproject.co.kr)에서 이용하세요.

 ## 복음 초청

성경과 120쪽 복음 초청 가이드를 이용해서 아이들에게 그리스도인이 되는 법을 설명해 준다. 따로 상담해 줄 사람을 정해 주고 궁금한 점이 있으면 물어 보도록 격려한다.

이 시간 예수님을 마음에 모시고 싶은 친구는 함께 기도해요.

 ## 기도

하나님, 하나님은 전능하시고 주권자이시며 선하신 분입니다. 우리가 좋은 상황에서든 나쁜 상황에서든 언제나 하나님을 믿고 의지할 수 있도록 도와주세요. 어려움을 만나더라도 하나님만 의지할 수 있도록 함께해 주세요. 예수님의 이름으로 기도합니다. 아멘.

 ## 적용

TIP 설교 도입이나 적용으로 활용하거나 영상을 본 뒤 소그룹으로 나누어 풍성한 대화를 이어 갈 수 있습니다.

주변에서 일어나고 있는 일이 도무지 이해되지 않을 때가 있었나요? 그런 생각을 하면서 다음 영상을 보기로 해요. 적용 예화 영상(지도자용 팩)을 보여 준다.

쌍안경을 눈에 대고 걷는 것이 왜 어려운지 아이들에게 물어본다. 바라보는 방식이 다르면 상황에 대한 느낌도 다르다는 것을 아이들에게 설명해 준다. 아이들에게 자신이 처한 상황 중 하나님이라면 다른 눈으로 보실 것 같은 경우가 있는지 물어본다.

우리는 가끔 왜 그런 일이 일어나는지 이해가 안 되는 상황을 만나요. 우리 눈에 보이는 것은 하나님이 일하시는 전체 중 작은 부분에 불과해요. 오늘 이야기에서 **욥은 하나님이 전능하시고 주권자이시며 선하시다는 것을 배웠어요.** 우리는 자신이 겪는 고통만 바라볼 수도 있지만, 우리를 도우시는 예수님을 바라보아야 해요. 예수님이 십자가에서 당하신 고통은 우리에게 미래에 대한 소망을 주었어요. 우리가 살면서 만나는 모든 일들은 다 잠깐 있다가 지나가기 마련이에요. 하지만 예수님을 믿고 의지할 때 우리는 하나님과 영원히 함께 살 수 있게 된답니다!

가스펠 소그룹

10~20분

 나침반

모두 제 자리로

[준비물] 3단원 암송(123쪽), 학생용 교재 72쪽, 연필이나 색연필

① 아이들에게 3단원 암송(123쪽)을 보여 주고, 다 함께 시편 100편 5절을 읽는다.

② 단어의 순서를 바로 잡아 시편 100편 5절을 완성하게 한다.

> 여호와는 <u>선하시니 그의 인자하심이 영원하고 그의 성실하심이 대대에 이르리로다</u> 시편 100편 5절

── 시편 100편 5절은 삶이 공평하지 않고 올바르지 않아 보일 때에도 하나님은 선하시고, 하나님의 인자하심은 영원하며, 하나님의 신실하심은 대대에 이를 것이라고 말하고 있어요. 욥은 고난을 통해 그런 하나님을 더욱 잘 알게 되었답니다. 우리도 언제나 선하시고 인자하신 하나님을 믿고 의지하기를 바라요.

반창고 암송 *

[준비물] 일회용 반창고(밴드), 네임펜, 바구니

① 일회용 반창고에 암송 구절을 어절별로 하나씩 쓰고 바구니에 담아 둔다.

② 반창고를 하나씩 뽑게 하고 암송 구절의 순서대로 배열해 정리해 보라고 한다.

── 오늘의 암송 구절은 우리에게 하나님은 선하시고 믿을 수 있고 우리를 사랑하시는 분이라고 말해 주어요. 행복할 때는 이 말씀을 믿는 것이 그다지 어렵지 않아요. 하지만 우리가 큰 고통을 당하고 있을 때에도 이 말씀은 여전히 사실이라는 것을 알고 있나요? 욥은 고난을 통해 하나님이 전능하시며 주권자이시고 선하시다는 것을 알게 되었어요.

 보물 지도

얼마나 달라졌을까?

[준비물] 학생용 교재 72쪽, 성경

① 아이들에게 성경에서 욥기 1장과 42장을 찾아 읽어 보게 한다.

② 욥이 고난을 받기 전에 가졌던 재산과 고난을 통과한 이후에 가진 재산을 비교해 보게 한다.

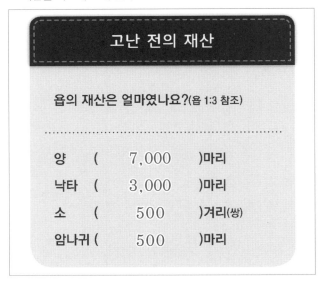

고난 전의 재산

욥의 재산은 얼마였나요?(욥 1:3 참조)

양	(7,000	)마리
낙타	(3,000	)마리
소	(500	)겨리(쌍)
암나귀	(500	)마리

고난을 통과한 후의 재산

여호와께서 욥에게 이전 모든 소유보다 (갑절)이나 주신지라(욥 42:10).

양	(14,000	)마리
낙타	(6,000	)마리
소	(1,000	)겨리(쌍)
암나귀	(1,000	)마리

── 욥은 많은 재산과 종을 거느린 큰 부자였지만, 고난을 당해 모든 재산을 잃었어요. 그럼에도 욥은 원망하거나 불평하기보다는 자신이 가진 것을 하나님께서 주셨으니 가져가시는 분도 하나님이라고 고백했어요. 하나님은 모든 시험을 통과한 욥에게 재산을 갑절이나 주셨어요. 우리도 힘들고 어려울 때 하나님을 신뢰하고 믿음을 지키기를 바라요.

탐험하기

하늘이 선포해요

[준비물] 학생용 교재 73쪽, 연필이나 색연필

① 그림 암호를 풀어 문장을 완성하게 한다.

② 주제 문장을 다 함께 읽고 하나님이 어떤 분이신지 말해 보게 한다.

—— 하나님은 욥에게 하나님이 창조하신 하늘과 땅의 모든 피조물에 관해 말씀하셨어요! **하나님은 전능하세요. 무엇이든 하실 수 있어요. 하나님은 주권자이시며 모든 권력을 가지셨죠. 하나님은 선하세요.** 하나님이 하시는 모든 일에는 하나님의 영광이 드러나고 우리에게 유익해요.

병 속의 폭풍 *

[준비물] 투명한 500㎖ 페트병, 물, 반짝이 가루 또는 식용 색소

① 아이들에게 투명한 500㎖ 페트병을 하나씩 나누어 준다.

② 페트병에 물을 4분의 3 정도만 채우게 한다.

③ 반짝이 가루 약간 또는 식용 색소를 넣게 한다.

④ 페트병의 뚜껑을 닫은 후 소용돌이가 생기도록 재빨리 한 쪽 방향으로 돌려 보라고 한다.

—— 우리는 마치 폭풍우가 몰아치는 것 같은 상황을 만들어 보았어요! 오늘 성경 이야기에서 하나님은 폭풍 속에서 욥에게 말씀하시며 깨달음을 주셨어요. 욥은 어떤 기분이었을까요? 하나님은 수많은 질문을 통해 하나님이 어떤 분이신지 알려 주셨어요. 비록 하나님의 계획을 다 이해할 수는 없었지만, **욥은 하나님이 전능하시고 주권자이시며 선하시다는 것을 배웠어요.**

 ## 보물 상자

나만의 기록장

[준비물] 학생용 교재 74쪽, 연필이나 색연필

① 큰 어려움이 닥친다면, 하나님만 의지할 수 있는지 물어본다.

② 자신의 어려움을 하나님께 이야기하고 하나님을 믿고 의지하도록 기도문을 작성해 보라고 한다.

③ 하나님은 전능하시고 주권자이시며 선하시다는 것을 알려 준다.

—— 예수님도 이 땅에 계실 때 죄의 유혹을 받고 고통도 당하셨어요. 우리처럼 말이에요. 예수님은 우리가 예수님을 믿고 의지하기만 하면 우리 죄를 용서하시고 하나님과 영원히 함께 살게 해주시려고 고통을 당하셨어요. 이 사실은 어렵고 힘든 상황에 있는 우리에게 위로가 되어요.

메시지 카드

이번 주 메시지 카드로 부모님과 함께 오늘 배운 성경 이야기를 나누어 보라고 한다.

기도

하나님, 우리를 다스리시고 언제나 선한 길로 인도해 주셔서 감사합니다. 어려운 일이 생기고 왜 그런 일을 겪게 되는지 이해할 수 없을 때에도 불평하거나 원망하지 않고 하나님을 믿고 의지하게 도와주세요. 우리에게 항상 좋은 것을 주시는 하나님, 결코 변하시지 않는 신실하신 하나님, 전능하신 하나님, 주권자이신 하나님을 기억하고 의지하게 해주세요. 예수님의 이름으로 기도합니다. 아멘.

13

하나님을 찬양해요

시 1편, 100편, 110편

본문 속으로

예수님은 부활하신 날 밤에 엠마오를 향해 가는 두 제자에게 나타나 이렇게 말씀하셨습니다. "내가 너희와 함께 있을 때에 너희에게 말한 바 곧 모세의 율법과 선지자의 글과 시편에 나를 가리켜 기록된 모든 것이 이루어져야 하리라"(눅 24:44).

어떻게 시편 말씀이 우리가 예수님을 바라보도록 할까요? 메시아에 관한 내용을 함축하고 있는 몇몇 시편들이 있긴 하지만, 탄식의 시나 확신을 선포하는 시, 하나님의 백성을 향한 하나님의 사랑을 설명하는 시들이 예수님과 과연 무슨 상관이 있을까요?

시편에 실린 시들 중 절반가량은 다윗이 쓴 것입니다. 나머지는 모세, 솔로몬을 포함한 다른 사람들이 썼습니다. 이 시들은 하나님의 백성이 드리는 고백입니다. 수없이 다양한 상황에 부닥친 사람들이 하나님께 쏟아 놓은 그들의 마음입니다.

시편 51편에서 다윗은 밧세바와 지은 죄를 나단 선지자에게 책망받은 후 목 놓아 울며 하나님께 용서를 구했습니다. 시편 90편에서는 모세가 하나님의 백성에게 긍휼을 베풀어 주실 것을 하나님께 간절히 구했습니다. 시편 100편은 "여호와는 선하시니 그의 인자하심이 영원하다"(시 100:5)라고 하나님께 감사드리는 시입니다.

하나님은 이러한 자기 백성의 고백에 대해 독생자 예수님을 보내는 것으로 응답하셨습니다. 예수님은 다윗이 간절히 구하던 용서를 베푸셨습니다. 십자가에서 죽으심으로 자격 없는 죄인들을 구원하셨습니다. 하나님은 예수님을 통해 긍휼하심과 선하심을 보이셨고 하나님의 백성을 향한 영원한 사랑을 나타내셨습니다. 예수님은 우리 마음이 애타게 갈망하는 분이십니다. 그분은 우리의 기도와 울부짖음, 그리고 우리의 찬양에 대한 하나님의 대답이십니다.

● ● 티칭 포인트

사람들은 하나님이 어떤 분이신지 찬양하기 위해 노래들을 지었습니다. 시편은 하나님을 찬양하며 예수님을 바라보도록 하는 노래가 담긴 하나님의 영감으로 기록된 귀한 책이라는 것을 알려 주십시오. 그리고 하나님은 우리의 부르짖음을 들으시는 분이라는 것을 가르쳐 주십시오. 하나님은 우리에게 예수님을 보내심으로 우리 마음의 가장 깊은 갈망을 채워 주셨습니다.

주제

사람들은 하나님이 어떤 분이신지 찬양하는 노래를 불렀어요.

가스펠 링크

하나님은 독생자 예수님을 보내심으로 하나님의 백성에게 응답하겠다는 약속을 지키셨어요. 하나님은 우리의 찬양을 받으실 분이세요.

✝

하나님을 찬양해요 시 1편, 100편, 110편

구약 시대에 살았던 하나님의 백성은 그들의 마음을 담은 시와 노래로 하나님을 찬양했어요. 시편은 수백 년 동안 많은 사람이 지은 노래들을 모아 놓은 책이에요. 하나님의 백성은 한자리에 모여 이 노래들을 부르며 하나님을 예배했어요. 전쟁에서 적군을 물리치고 승리하게 하신 하나님을 찬양하기도 하고, 하나님이 만드신 놀라운 세상에 감탄하기도 하며, 그들에게 필요한 것을 주시고 돌보아 주시는 하나님께 감사드리기도 했어요.

사람들은 슬플 때도 시를 썼어요. 그들은 하나님께 울부짖으며 자신의 슬픔을 이야기했어요. 어떤 사람들은 자신의 죄를 고백하고 하나님의 용서를 구하는 시를 쓰기도 했어요.

시편 1편은 삶의 두 가지 모습을 보여 주어요. 하나는 의로운 사람, 즉 복 있는 사람이 살아가는 모습이고, 다른 하나는 악한 사람이 살아가는 모습이에요. 둘은 전혀 다른 길로 걸어가는 것과 같아요. 한 길은 밝고 생명으로 인도하지만 다른 한 길은 어둡고 죽음에 이르게 해요. 의로운 사람은 하나님의 말씀을 사랑하기 때문에 그 말씀을 밤낮으로 생각해요. 마치 시냇가에 심은 나무와 같아요. 그런 나무는 튼튼하고 건강하지요. 그러나 악한 사람은 마치 바람에 쉽게 날아가는 곡식의 껍질과 같아요. 하나님이 악한 사람을 심판하실 때 그의 생명은 끝나 버리지요. 악인들은 의인들과 결코 함께 있을 수 없어요.

시편 100편은 감사의 노래예요. 하나님의 백성은 이렇게 노래했어요. "온 땅이여, 여호와께 기뻐 외치라. 기쁨으로 여호와를 섬기고 노래하며 그분 앞으로 나아가라. 여호와가 하나님이신 줄 알라. 그분이 우리를 만드셨으니 우리는 그분의 백성이고 그 목장의 양들이다. 감사하면서 그 문으로 들어가고 찬양하면서 그 뜰로 들어가라. 그분께 감사하고 그 이름을 찬양하라. 여호와는 선하시니 그 인자하심이 영원하고 주의 진리가 온 세대에 걸쳐 지속될 것이다."

시편 110편은 다윗이 쓴 시예요. 이 시는 왕이며 제사장이신 메시아를 노래한 내용이지요. 다윗은 하나님이 왕에게 많은 땅을 주어 다스리게 하시며, 왕의 군대가 강할 것이라고 말씀하셨어요. 다윗은 하나님이 약속을 지키시는 분이라고 고백했어요. 하나님은 왕과 함께하며 왕을 강하게 하셔서 전투에서 이기게 하실 거예요.

● ● 가스펠 링크

하나님은 하나님의 백성이 찬양과 감사를 드리거나 *긍휼과 용서를 구하는 기도를 들으셨어요. 하나님은 독생자 예수님을 보내심으로 하나님의 백성에게 응답하겠다는 약속을 지키셨어요. 예수님은 우리가 하나님께 용서받고 영원한 생명을 얻을 수 있게 하셨어요. 예수님은 우리의 가장 큰 필요를 채워 주셨어요.

*긍휼: 불쌍히 여겨 돌보아 줌

가스펠 준비 10~20분

환영

도착하는 아이들을 반갑게 맞이하고 헌금, 출석, QT 등을 확인하며 격려한다. 새 친구가 있다면 소개한다. 편안한 분위기에서 안부를 물으며 오늘의 말씀과 관련된 화제로 이야기를 나눈다. 아이들에게 제일 좋아하는 찬양곡이 무엇인지 물어본다. 자발적으로 대화에 참여하도록 이끈다.

예) "제일 좋아하는 찬양이 무엇인가요?", "가족과 함께 자주 부르는 찬양이 있나요?" 등.

마음 열기

이모티콘 그리기! *

[준비물] A4 용지, 연필이나 색연필

① 아이들에게 종이와 연필을 나눠 주고, 아래에 제시된 삶 속에서 일어날 수 있는 여러 상황들을 읽어 준다.

② 이런 상황에서 어떤 기분이 들 것 같은지 이모티콘을 그려 표현해 보게 한다.

· 방학을 맞아 가족들과 함께 놀이공원에 가게 되었다.

· 제일 친한 친구가 이사를 간다.

· 창밖으로 폭풍 소리가 들린다.

· 친구들이 운동장에서 놀면서 나만 끼워 주지 않는다.

· 동생이 내가 가장 아끼는 장난감을 부쉈다.

━━ 여러분의 표정과 몸짓을 보니 어떤 감정을 표현하고 있는지 잘 알겠어요. 우리는 여러 가지 상황에서 여러 가지 감정을 느끼는데, 이런 감정들이 모두 우리 찬양의 일부가 될 수 있어요. 오늘 우리가 배울 시편은 하나님과 함께하며 느꼈던 여러 가지 감정들을 노래로 만든 것이에요. 어떤 상황에서 어떻게 노래했는지 함께 배워 볼까요?

하나님을 전해요 *

[준비물] 색도화지, 연필이나 색연필, 사인펜, 스티커

① 색도화지를 한 장씩 나눠 주고 시편 100편을 같이 읽는다.

② 색도화지를 예쁘게 꾸미고, 하나님의 선하심을 알려 주고 싶은 사람에게 편지를 쓰라고 한다.

TIP 병중에 있거나 기타의 이유로 교회에 나오지 못하고 있는 친구에게 카드를 보내도 좋다.

━━ 시편 100편은 우리에게 하나님이 어떤 분이신지 잘 보여 주는 시예요. 하나님은 선하시고, 하나님의 사랑은 영원히 계속되지요! 오늘 우리는 **사람들이 하나님이 어떤 분이신지 찬양하기 위해 노래를 지었다**는 것을 배우게 될 거예요.

가스펠 설교

들어가기

찬송을 소리 내어 부르거나, 콧노래를 흥얼거리며 들어온다.

이 노래가 제 머릿속을 떠나지 않네요. 조용히 부르지 않으면 도서관에서 쫓겨나겠어요. 여러분도 저처럼 노래가 머릿속을 떠나지 않은 적이 있나요? 저는 이 노래가 계속 맴도는 것이 좋아요. 이 노래는 하나님이 얼마나 선한 분인지 기억하게 해주거든요.

오늘 우리는 시편에 대해 배울 거예요. 시편은 오랜 세월에 걸쳐 쓰인 노래들을 한데 모아 놓은 책이에요. 성령의 감동으로 사람들이 기록했지요. 하나님의 백성은 하나님에 대한 자신들의 믿음을 표현하기 위해 이 노래들을 지었어요. 여러분은 자신이 부르는 노래를 아무도 안 듣고 있을 거라고 생각하죠? 아이들의 대답을 기다린다. 하지만 하나님은 우리가 하나님을 찬양할 때에도, 하나님의 도움과 용서를 구할 때에도 다 듣고 계세요. 오늘 우리는 세 편의 서로 다른 시편을 배우게 될 거예요. 정말 신나네요. 다시 노래를 부르거나 콧노래를 흥얼거리며 연대표 쪽으로 걸어간다.

연대표

솔로몬이 산다는 것에 대해 생각했어요

욥이 고난을 받았어요

하나님을 찬양해요

우리가 연대표의 어디쯤 있는지 살펴볼까요? 2주 전에 우리는 솔로몬이 쓴 전도서를 보면서 **살아가는 목적은 하나님 안**에서만 찾을 수 있다는 것을 배웠어요. 지난주에는 욥이 **하나님이 전능하시고 주권자이시며 선하시다는 것을 깨닫게** 된 이야기를 들었고요. 이번 주에는 시편을 배우게 될 텐데, 제목은 "하나님을 찬양해요"랍니다.

성경의 초점

우리가 하나님을 찬양하는 여러 가지 이유들을 생각하다 보니 '성경의 초점'이 떠오르네요. **우리는 왜 하나님을 믿고 의지할 수 있나요? 하나님은 모든 일을 하나님의 영광과 우리의 유익을 위해 하시기 때문이에요.**

성경 이야기

시편 1편, 100편, 110편을 펴고, 설교 영상(지도자용 팩)을 보여 주거나 이야기 성경을 들려준다.

시편은 하나님의 백성이 하나님께 드리는 노래를 모아 놓은 책이에요. 이 책에는 하나님을 찬양하거나, 어려움 속에서 도움을 구하거나, 하나님이 하나님의 백성에게 보여 주신 선한 일들을 기억하기 위해 지은 노래들이 실려 있지요. 사람들은 왜 노래를 지어 하나님을 예배했을까요? 아이들의 대답을 기다린다. **하나님이 어떤 분이신지 찬양하기 위해서였지요.** 사람들은 하나님이 모든 것을 하실 수 있고 모든 것을 알고 계시며 완전히 거룩하시고 끝없이 사랑하시는 분이라는 것을 찬양했어요. 여러분 중에 아직 시편을 한 번도 안 읽어 본 사람이 있다면, 매일 조금씩 읽어 보세요. 그러면 하나님이 어떤 분이신지 더 잘 알게 될 거예요.

구약성경을 보면 하나님의 백성이 하나님께 용서해 달라고 외치거나 하나님을 찬양하고 하나님께 감사할 때 하나님은 언제나 그들의 기도를 들으셨어요. 시편의 많은 시들은 약속을 지키는 신실하신 하나님을 기억하는 노래들이에요. 하나님은 자기 백성을 죄에서 구하시기 위해 메시아를 보내겠다고 약속하셨어요. 그리고 하나님의 아들인 예수님을 보내 그 약속을 지키셨지요.

예수님은 우리를 죄에서 구원하셔서 용서받고 영원한 생명을 누리게 해주셨어요. 우리의 가장 큰 필요를 채워 주신 것이지요. 누구라도 죄에서 돌이켜 예수님을 믿고 의지하면 구원을 받게 된답니다. 아이들에게 시편 103편을 읽게 한다.

복 / 습 / 질 / 문

1 의로운 사람은 어떻게 사나요?

의로운 사람은 악한 사람의 말을 듣지 않는다. 그는 여호와의 가르침을 즐거워하고, 그 가르침을 밤낮으로 깊이 생각한다 (시 1:2)

2 바람에 날리는 겨와 같은 사람은 누구인가?

악한 사람 (시 1:4)

3 시편 100편은 우리가 하나님을 어떻게 섬겨야 한다고 말하고 있나요?

즐겁게 (시 100:2)

4 시편 110편을 쓴 사람은 누구인가요?

다윗

5 사람들은 왜 시편을 썼을까요?

사람들은 하나님이 어떤 분이신지 찬양하기 위해 노래를 지었어요.

6 우리는 왜 하나님을 믿고 의지할 수 있나요?

하나님은 모든 일을 하나님의 영광과 우리의 유익을 위해 하시기 때문이에요.

 ## 찬양

감사함으로

온 땅이여 여호와를 높여 찬양하여라
기쁨으로 주께 나아가리라
주님은 나의 창조주 나는 주님의 백성
주의 귀한 어린양

온 땅이여 여호와를 높여 찬양하여라
기쁨으로 주를 노래하리라
주님의 선하심과 주의 인자하심이 영원하리로다

감사함으로 주께 나아가리 나의 마음 다하여 즐거이 찬양해
감사함으로 주 이름 높이리 나의 마음 다하여 기쁨으로 주를 찬양해

모두 찬양해 씽씽 할렐루야 기쁨으로 찬양해 씽씽 할렐루야
모두 주를 찬양해 씽씽 할렐루야 손뼉 치며 찬양해 원 투 쓰리 포!

※지도자용 팩 또는 가스펠 프로젝트 홈페이지(gospelproject.co.kr)에서 이용하세요

 ## 복음 초청

성경과 120쪽 복음 초청 가이드를 이용해서 아이들에게 그리스도인이 되는 법을 설명해 준다. 따로 상담해 줄 사람을 정해 주고 궁금한 점이 있으면 물어보도록 격려한다.

이 시간 예수님을 마음에 모시고 싶은 친구는 함께 기도해요.

 ## 기도

좋으신 하나님, 우리의 기도를 들으시고 가장 좋은 것으로 응답해 주시는 하나님을 찬양합니다. 하나님을 향한 우리의 고백을 기쁘게 받아 주세요. 그리고 우리의 입술에서 하나님을 향한 찬양이 떠나지 않게 도와주세요. 예수님의 이름으로 기도합니다. 아멘.

 ## 적용

TIP 설교 도입이나 적용으로 활용하거나 영상을 본 뒤 소그룹으로 나누어 풍성한 대화를 이어 갈 수 있습니다.

여러분은 하나님이 우리를 위해 창조하신 것들이나 우리를 위해 하신 일들에 관해 생각해 보곤 하나요? 다음 영상을 한번 보세요!

적용 예화 영상(지도자용 팩)을 보여 준다. 자연의 아름다움과 웅장함을 바라보는 것만으로 하나님에 대해 무엇을 배울 수 있는지 아이들과 이야기해 본다.

하나님이 창조하신 자연을 바라보고 사람들은 어떻게 반응할까요? 아이들의 대답을 기다린다. 하나님이 만드신 자연과 예수님을 다시 살리신 일을 보면 하나님의 능력을 잘 알 수 있어요. 자연은 하나님에 관해 여러 가지 사실을 알려 주어요. 하지만 예수님에 관해 알려면 반드시 성경이 필요해요. 하나님의 능력과 사랑에 대한 우리의 가장 적절한 반응은 하나님을 찬양하는 것이랍니다. **사람들은 하나님이 어떤 분이신지 찬양하는 노래를 불렀어요.**

가스펠 소그룹

10~20분

 나침반

하나님을 노래하는 시

[준비물] 학생용 교재 78쪽, 연필이나 색연필

① 피아노 건반의 음계에 맞추어 빈칸에 들어갈 단어를 찾아 시편 100편 5절을 완성하게 한다.

② 완성된 성경 구절을 반복해서 읽으며 외울 수 있도록 한다.

여호와는 **선 하 시 니** (도 파 시 솔)

그의 **인 자 하 심** 이 영원하고 (레 미 파 라)

그의 **성 실 하 심** 이 대대에 이르리로다 (도# 솔 파 라)

시편 100편 5절

| 성(도) | 이(레) | | 허(파) | 실(솔) | 유(라) |

| 선(도) | 인(레) | 자(미) | 하(파) | 니(솔) | 심(라) | 시(시) |

— 재미있는 방법으로 암송 구절을 외워 봤어요. 시편은 하나님을 향한 고백이 담긴 노래로 구성되어 있어요. 하나님은 선하시고, 전능하신 분이세요. 하나님의 백성은 하나님의 신실하심을 기억하고 앞으로도 하나님이 약속을 지키실 것을 믿으면서 마음을 담아 시를 썼어요. **사람들은 하나님이 어떤 분이신지 찬양하는 노래를 불렀지요.** 우리도 찬양을 부를 때 우리의 마음을 담아 하나님을 노래할 수 있어요.

[준비물] 종이, 연필이나 색연필

① 아이들에게 동요 또는 찬양곡의 멜로디에 암송 구절을 가사로 붙여 '암송송'을 만들어 보게 한다.

② 노래가 익숙해질 때까지 다 함께 반복해서 불러 보게 한다.

— 성경 구절을 노래로 부르면 말씀을 외우는 데 도움이 되지요. 시편의 많은 노래들은 이스라엘의 역사를 담고 있어요. 사람들은 이전에 하나님이 보여 주신 은혜를 기억하면서 앞으로도 하나님이 신실하게 약속을 지키실 것이라고 믿으며 노래했어요. **사람들은 하나님이 어떤 분이신지 찬양하는 노래를 불렀어요.** 하나님은 선하시고 그 인자하심이 영원해요!

 보물 지도

어느 구절일까요?

[준비물] 성경

① 성경에서 시편 1편, 100편, 110편을 찾는다. 아이들을 세 팀으로 나누고, 각 팀에게 시편을 하나씩 배정해 준다.

② 인도자가 시편 구절의 앞부분을 읽으면, 그 구절이 들어 있는 시편을 맡은 팀 전체가 일어나 뒷부분을 마저 읽게 한다.

1. "감사함으로 그 문에 들어가며" (시 100:4)

2. "여호와는 맹세하고 변하지 아니하시리라" (시 110:4)

3. "온 땅이여 여호와께" (시 100:1)

4. "그는 시냇가에 심은 나무가 철을 따라 열매를 맺으며" (시 1:3)

5. "여호와께서 내 주에게 말씀하시기를" (시 110:1)

6. "무릇 의인들의 길은 여호와께서 인정하시나" (시 1:6)

7. "여호와는 선하시니 그의 인자하심이 영원하고" (시 100:5)

— **사람들은 하나님이 어떤 분이신지 찬양하는 노래를 불렀어요.** 우리는 하나님이 선하시다는 것을 믿을 수 있어요. 하나님은 예수님을 보내셨고 예수님은 십자가에서 우리 죄 때문에 죽으심으로 하나님의 사랑을 보여 주셨어요. 그리고 3일 만에 죽은 자 가운데서 다시 살아나셔서 하나님의 능력을 나타내셨어요. 그래서 오늘날 그렇게 수많은 찬송들이 예수님의 사랑과 위대함을 노래하는 것이랍니다.

탐험하기

음표를 찾아라!

[준비물] 학생용 교재 79쪽, 연필이나 색연필

① 그림 속에 숨겨진 음표 9개를 찾아보라고 한다.

② 우리는 하나님을 향한 감사의 마음을 찬양으로 고백할 수 있다는 것을 말해 준다.

③ 주어진 상황에서 떠오르는 감사의 제목을 적어 보게 한다.

학교에서의 감사

교회에서의 감사

가정에 대한 감사

친구에 대한 감사

━━━ 학교나 놀이터에서 음표를 찾는 게 이상하게 느껴졌나요? 교회에서만 하나님을 찬양할 수 있는 것은 아니에요. 다른 곳에서도 얼마든지 하나님을 찬양할 수 있어요. 오늘 하나님을 향한 감사의 마음을 찬양으로 고백했어요. 하나님은 어떤 분인가요? 아이들의 대답을 듣는다. 매일의 삶에서 하나님을 향한 감사를 찬양으로 드려 보아요.

다같이 찬양해요 *

[준비물] 종이, 연필이나 색연필

① 아이들에게 종이와 연필을 하나씩 나눠 주고 하나님을 찬양하는 노래를 지어 보라고 한다.

② 혼자하거나 3~4명이 함께해도 좋다. 아이디어를 얻기 위해 시편을 참조하게 한다.

🔲 찬양 만드는 것을 어려워 한다면 익숙한 찬양 곡을 주고 가사를 바꾸어 노래를 만들어 보게 해도 좋다.

③ 몇 분 뒤, 만든 노래를 들려주고 싶은 아이들에게 발표할 기회를 준다.

④ 큰 소리로 노래하는 것이 불편한 사람은 그냥 읽게 해도 된다.

━━━ 시편 100편은 하나님을 사랑하는 사람들에게 하나님께 큰 소리로 찬양하며 즐거운 찬송을 부르라고 말하고 있어요. 하나님을 찬양하기 위해 꼭 노래를 잘할 필요는 없어요. 하나님을 찬양하는 방법에는 여러 가지가 있으니까요. 노래 말고 또 어떤 방법으로 하나님을 찬양할 수 있을까요?

보물 상자

나만의 기록장

[준비물] 학생용 교재 80쪽, 연필이나 색연필

① 아이들에게 언제 하나님을 찬양하는지 물어본다.

② 하나님을 찬양하는 자신의 모습을 그리고, 찬양하는 이유를 적어 보게 한다.

━━━ 잊지 마세요. 찬양은 교회 건물 안에서만 할 수 있는 것이 아니에요. 일주일 내내, 어디에 있든지 다양한 방법으로 하나님을 찬양할 수 있답니다. 하나님은 선하시고 하나님의 사랑은 영원하기 때문에 우리는 하나님을 찬양할 수 있어요.

메시지 카드

이번 주 메시지 카드로 부모님과 함께 오늘 배운 성경 이야기를 나누어 보라고 한다.

기도

좋으신 하나님을 찬양합니다. 하나님은 우리의 찬양을 받으실 분입니다. 우리를 죄에서 구원하신 하나님의 은혜를 기억합니다. 하나님을 향한 우리의 고백을 찬양으로 드립니다. 언제나 어디서나 마음과 정성을 다해 하나님을 찬양할 수 있도록 함께해 주세요. 예수님의 이름으로 기도합니다. 아멘.

나를 위한 하나님의 멋진 계획

'복음'이라는 말을
들어 본 적 있니?
복음이란
'좋은 소식'이라는 뜻이야.
우리에게 보내신 하나님의
좋은 소식이 무엇일까?

 하나님은 세상을 만드셨단다
하나님은 온 세상을 만드셨고 사람을 아름답게 창조하셨어.
(창세기 1:1; 골로새서 1:16~17; 요한계시록 4:11)

 사람들은 죄를 짓고 하나님을 떠났어
그런데 사람들은 모두 죄를 지었고 하나님에게서 떠나 버렸어.
죄를 짓고 하나님과 관계가 끊어진 사람들은 결국 죽을 수밖에 없단다.
(로마서 3:23, 6:23)

 하나님은 구원 계획을 갖고 계시단다
우리는 아무리 노력해도 하나님과 하나가 될 수 없었고 죽을 수밖에
없었어. 그래서 하나님은 우리를 구원하시고 다시 살리시기 위해서
예수님을 보내 주셨단다.
(요한복음 3:16; 에베소서 2:8~9)

 예수님이 우리에게 생명을 주셨어
예수님은 우리의 죄를 씻어 주시려고 십자가에서 우리 대신 죽으셨단다.
우리는 예수님 때문에 다시 깨끗해졌고 하나님과 함께 살 수 있게
되었어. 예수님이 자기의 생명을 내어 주셨기 때문에 우리는 영원한
생명을 얻을 수 있게 되었고 하나님과 함께 살 수 있게 되었어.
이것이 하나님의 최고의 선물이야!
(로마서 5:8; 고린도후서 5:21; 베드로전서 3:18)

 예수님! 우리 마음에 오세요!
예수님을 믿고 마음에 받아들이면 하나님의 자녀가 된단다.
이것이 가장 좋은 소식, 복된 소식, 복음이란다.
(요한복음 1:12~13; 로마서 10:9~10, 13)

예수님을 영접하기 원하는 어린이가 있다면 개인적으로 상담하고
영접 기도를 할 수 있도록 도와주세요.
예수님이 ○○를 사랑하시는 것을 믿겠니?
예수님이 ○○의 죄를 씻어 주신 것을 믿겠니?
예수님을 ○○의 마음에 받아들이겠니?

믿음을 고백하고 예수님을 영접하기 원하는 어린이를 위해 간절히
기도해 주세요.
이제 ○○는 하나님의 자녀(아들, 딸)가 되었어!
이것이 예수님을 통해 ○○에게 이루어 주신 하나님의 계획이야!
○○야, 하나님의 자녀(아들, 딸) 된 것을 축하해!

하나님은 온 땅의 왕이심이라
지혜의 시로 찬송할지어다

하나님이 뭇 백성을 다스리시며
하나님이 그의 거룩한 보좌에
앉으셨도다

시편 47편 7~8절

내가 여호와는 지혜를 주시며

지식과 명철을 그 입에서 내심이며

곧 정직한 자를 위하여

완전한 지혜를 예비하시며 행실이

온전한 자에게 방패가 되시나니

잠언 2장 6~7절

여호와는 선하시니
그의 인자하심이 영원하고
그의 성실하심이
대대에 이르리로다

시편 100편 5절

123

5번 점프하세요.	10초 동안 춤을 추세요.	10초 동안 원숭이 표정을 지으세요.
찬양 '우리의 왕' 후렴구를 부르세요.	1분 동안 아무 말도 하지 마세요.	
앞구르기를 3번 하세요.	상대팀 중 한 명을 안아 주세요.	

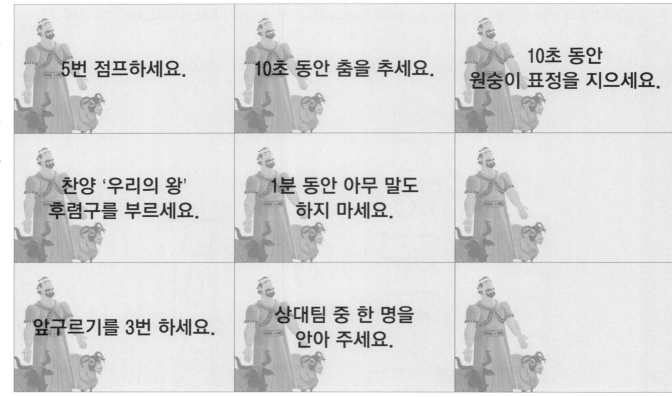

빈칸은 인도자가 직접 벌칙을 적어 준비해 주세요.

	일어나서 선생님께 손을 흔든다.
	종이의 왼쪽 빈 부분에 숫자 1~10까지 쓴다.
	짝수에 〇표시 한다.
	홀수는 ✕표시 한다.
	3번 점프한다.
	6번 박수를 친다.
	왼발 오른발을 한 번씩 쿵쾅거린다.
	이름을 크게 말한다.
	종이 뒷면에 이름을 쓴다.
	위의 지시는 무시하고, 선생님이 다른 지시를 할 때까지 조용히 기다린다.

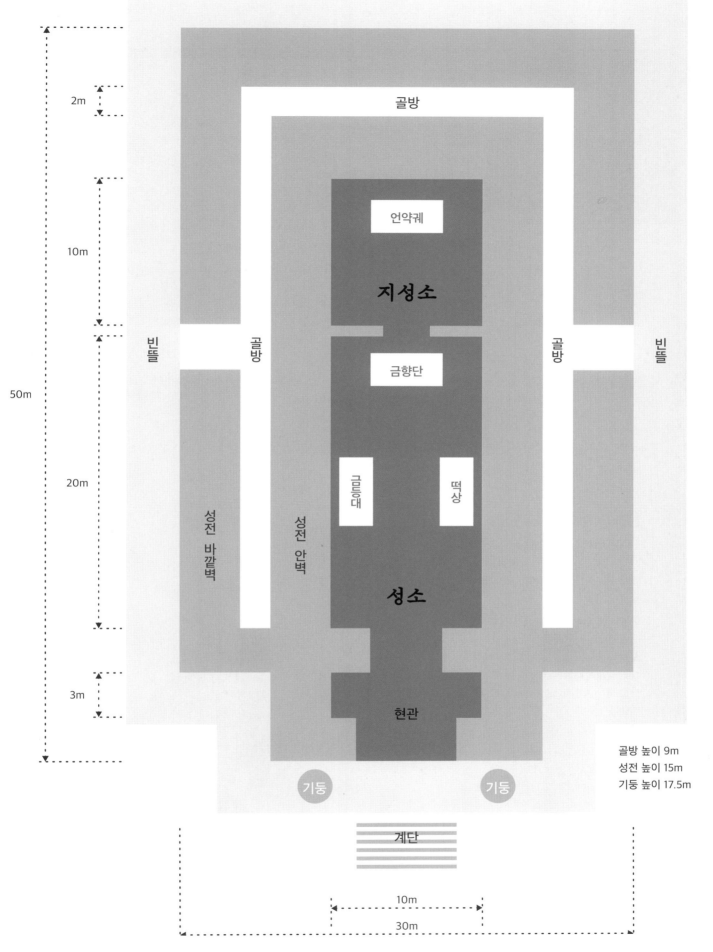

2m

10m

50m

20m

3m

빈뜰

골방

성전 바깥벽

성전 안벽

골방

지성소

언약궤

금향단

금등대

떡상

성소

현관

골방

빈뜰

성전 안마당

기둥

기둥

골방 높이 9m
성전 높이 15m
기둥 높이 17.5m

계단

10m

30m

125

기도는 어떻게 가르쳐야 할까요?

크고 작음의 차이는 있지만 아이들은 모두 생활 속에서 저마다의 전투를 치르고 있습니다. 부부 싸움에 주눅 든 아이, 동생에게 양보하느라 마음이 불편한 아이, 실수를 저지르고 혼이 날까 두려워하는 아이들의 모습은 쉽게 상상할 수 있습니다.

교회에서 아이들을 돌보는 사람으로서, 또는 부모로서 여러분은 아이들이 그런 전투에서 기도로 지혜롭게 싸워 이길 수 있도록 준비시킬 수 있습니다. 어떤 부모는 아이들에게 기도 훈련을 시키는 일을 부담스럽게 느끼기도 하고, 자신이 기도 생활을 잘하지 못하고 있다는 이유로 아이들에게 기도를 가르칠 만한 자격이 없다고 생각하기도 합니다.

아이들과 부모들의 건강한 기도 생활을 돕는 5가지 방법을 소개합니다.

기도 생활을 돕는 5가지 방법

1. 매일 기도의 본을 보입니다.

부모 또는 교사가 기도를 중요하게 여기는 모습을 보고, 아이들도 자신들의 삶에서 기도가 얼마나 중요한지 깨닫게 됩니다.

2. 하나님께서 큰일을 행하시도록 기도합니다.

하나님은 무엇이든 하실 수 있는 큰 분이라는 것을 아이들에게 알려 주세요. 하나님은 세상에서 치료할 수 없는 아주 많이 아픈 사람도 고치실 수 있고, 세상에서 가장 힘없는 사람도 도우실 수 있는 분입니다. 하나님의 능력을 찬양하고 하나님이 일하시도록 의지하세요.

3. 사소해 보이는 작은 일도 기도합니다.

어둠을 두려워하거나 가장 좋아하는 장난감을 못 찾는 일 등은 아이들에게는 큰일이지만, 사실 전체적인 관점에서 보면 별일이 아니라는 걸 우리는 알고 있습니다.
그런 작은 일도 기도하며 하나님의 도우심을 구해 보세요. 절대로 아이들의 기도 제목을 하찮다고 말하지 마세요. 하나님께 아뢰지 못할 일은 없습니다. 성경도 하나님이 우리의 모든 염려를 돌보신다고 말하고 있습니다.

4. "쉬지 말고 기도하라"는 말의 의미를 살펴봅니다.

우리는 데살로니가전서 5장 17절의 말씀을 별다른 설명 없이 아이에게 툭 던지곤 합니다. 하지만 구체적인 세계에 살고 있는 아이들의 머릿속에는 이 말이 절대로 눈도 뜨지 말고 경련이 일어날 만큼 오래 고개를 숙이고 있으라는 뜻으로 들릴 수도 있습니다. 좋아하는 친구를 만나면 하루 종일 이야기하고 싶은 것처럼, 하나님도 우리가 그렇게 이야기해 주길 바라시는 거라고 설명해 주십시오.

5. 미루지 말고 당장 시작합니다.

그간 아이들과 매일 기도하지 않았다고 좌절하지 마세요. 매일이 새로운 날이며, 무언가를 시작하기에 오늘보다 더 좋은 날은 없습니다. 아이들을 완벽하게 가르치지 못할까 봐 걱정하지 마세요. 여러분과 아이들이 기도를 더 잘 알게 해 달라고 하나님께 기도하세요. 하나님은 신실한 분이십니다!

LifeWay Kids 블로그, Kids Ministry 101에 게시된 기사에서 발췌한 내용입니다.

칼럼

예수님 중심의 스토리텔링이 왜 중요할까요?

저는 교회 안에서 자랐지만, 최근에서야 성경의 모든 이야기들이 예수님을 통해 우리를 구원하시려는 하나님의 계획이라는 큰 이야기로 연결되어 있다는 사실을 알게 되었습니다. 하나님의 구원 이야기라는 전체 흐름을 무시하고 성경을 조각조각 잘라 가르치는 것은 바람직하지 않습니다. 아이들의 커리큘럼에는 반드시 전체 이야기가 들어 있어야 합니다. 그 이유를 살펴보겠습니다.

예수님 중심의 스토리텔링은 교회를 율법주의로부터 보호합니다

성경 이야기에는 정보 이상의 것이 담겨 있습니다. 이야기를 들으면 흐름이 이해됩니다. 이해 없는 정보만으로는 율법주의에 빠지기 쉽습니다. 율법주의는 절대 순종할 수 없을 것 같다고 포기하는 아이들을 양산하고 그들을 교회 밖으로 몰아내는 한편, 순종하는 아이들에게는 '자기 의'를 심어 줍니다. 예수님 중심의 스토리텔링은 끊임없이 예수님을 향한 소망을 심어 주기 때문에 우리가 예수님보다 율법과 전통에 집착하는 우를 범하지 않도록 도와줍니다.

예수님 중심의 스토리텔링에서 맥락을 발견할 수 있습니다

아이들은 자꾸 "왜?"라고 묻습니다. 이야기의 배경을 알고 그 속에 자신을 대입시켜 보고 싶어서입니다.

저는 맥락에 대한 적절한 설명 없이 다윗과 골리앗 이야기를 들었을 때, 힘센 친구들에게 용감하게 맞서야 한다는 교훈을 얻었습니다.

예기치 못한 구원자가 나타나 무시무시한 적을 물리치고 구원받을 자격이 없는 사람들을 죄에서 자유롭게 하는 이야기라고는 생각하지 못했지요. 상상 속 이야기에서 나는 다윗이었습니다. 하지만 사실 나는 누구인가요?

나는 사울입니다. 다윗을 보호해 주려고 애쓰면서 그를 도울 수 있다고 확신하고 있지요. 나는 다윗의 형입니다. 감히 내 전투에 끼어든 동생에게 화를 내고 있지요. 나는 이스라엘 군인입니다. 두려움에 떨며 나 자신도 지키지 못하고 있으니까요. 나는 다윗이 아닙니다. 예수님이 다윗입니다. 다윗 이야기는 내 이야기가 아니라 예수님 이야기입니다.

예수님 중심의 스토리텔링은 우리를 하나님과 이어 줍니다

예수님도 한때는 아기였습니다. 상상이 가십니까? 예수님도 대소변을 가리지 못하던 때가 있었단 말입니다. 불경하게 들리겠지만, 엄연한 사실입니다.

우리가 가르치는 아이들은 하나님이 사람이 되기 위해 겪으신 낮아지심을 가늠하지 못합니다. 저는 부모님이 자라온 이야기를 들은 뒤에야 저와 부모님을 연관 지을 수 있었습니다. 하물며 우리를 하나님과 연관 지으려면 얼마나 많은 예수님 이야기가 필요하겠습니까.

기억하시기 바랍니다. "이야기 하나 들려주세요!" 이 말은 그저 아이들을 즐겁게 해주는 것 이상의 의미를 담고 있다는 사실을 말입니다.

127

1권	2권	3권	4권	5권	6권
위대한 시작 창	**하나님의 구출 계획** 출, 레, 신	**약속의 땅** 민, 수, 삿, 룻, 삼상	**왕국의 성립** 삼상, 삼하, 왕상, 욥, 전, 시, 잠	**선지자와 왕** 왕상, 왕하, 대하, 사, 렘, 겔, 호, 욘, 욜	**돌아온 하나님의 백성** 단, 에, 느, 말
1단원 창조의 하나님	**1단원** 구출하시는 하나님	**1단원** 구원의 하나님	**1단원** 왕이신 하나님	**1단원** 계시하시는 하나님	**1단원** 도와주시는 하나님
1. 하나님이 세상을 창조하셨어요 2. 하나님이 사람을 창조하셨어요 3. 죄가 세상에 들어왔어요 4. 가인과 아벨이 제물을 드렸어요 5. 하나님이 노아와 가족을 구해 주셨어요 6. 바벨탑을 쌓던 사람들이 흩어졌어요	1. 모세를 부르셨어요 2. 이스라엘 백성은 재앙을 피했어요 3. 홍해를 건넜어요 4. 광야에서 시험을 치렀어요 5. 금송아지를 만들었어요	1. 약속의 땅을 정탐했어요 2. 놋뱀을 바라보았어요 3. 하나님이 여리고 성을 주셨어요 4. 죄 때문에 아이 성 전투에서 졌어요 5. 여호수아가 당부했어요	1. 이스라엘이 왕을 달라고 했어요 2. 하나님이 사울을 버리셨어요 3. 다윗이 골리앗과 맞섰어요 4. 다윗과 요나단이 친구가 되었어요 5. 하나님이 다윗과 언약을 맺으셨어요 6. 다윗이 하나님께 죄를 지었어요	1. 엘리야가 악한 아합에게 맞섰어요 2. 엘리야가 이세벨을 피해 도망갔어요 3. 엘리사와 나아만 4. 하나님이 이사야를 부르셨어요 5. 이사야가 메시아에 대해 설교했어요 6. 유다의 신실한 왕 히스기야	1. 다니엘과 친구들이 하나님께 순종했어요 2. 사드락, 메삭, 아벳느고 3. 하나님이 다니엘을 구하셨어요 4. 하나님이 자기 백성을 고향으로 데려오셨어요 5. 성전이 완성되었어요
2단원 언약을 맺으시는 하나님	**2단원** 거룩하신 하나님	**2단원** 다스리시는 하나님	**2단원** 지혜의 하나님	**2단원** 사랑을 구하시는 하나님	**2단원** 공급하시는 하나님
7. 하나님이 아브라함과 언약을 맺으셨어요 8. 하나님이 아브라함을 시험하셨어요 9. 하나님이 다시 약속하셨어요	6. 십계명 "하나님을 사랑하라" 7. 십계명 "이웃을 사랑하라" 8. 성막을 지었어요 9. 하나님이 제사의 규칙을 정해 주셨어요 10. 오직 하나님만 예배해요 11. 하나님의 언약을 기억해요	6. 사사들이 이스라엘 백성을 이끌었어요 7. 드보라와 바락이 노래했어요 8. 겁쟁이 기드온이 용사가 되었어요 9. 삼손에게 다시 힘을 주셨어요 10. 룻과 나오미를 보살펴 주셨어요 11. 하나님이 사무엘에게 말씀하셨어요	7. 솔로몬이 지혜를 구했어요 8. 지혜는 하나님께로부터 와요 9. 솔로몬이 성전을 지었어요 10. 이스라엘이 둘로 나뉘었어요	7. 이스라엘을 위한 선지자 호세아 8. 니느웨를 위한 선지자 요나 9. 유다를 위한 선지자 요엘	6. 에스더가 왕비가 되었어요 7. 하나님이 에스더를 통해 자기 백성을 구하셨어요 8. 느헤미야가 예루살렘의 소식을 들었어요 9. 예루살렘의 성벽이 다시 세워졌어요 10. 에스라가 하나님의 법을 읽었어요 11. 선지자 말라기
3단원 언약을 지키시는 하나님			**3단원** 주권자이신 하나님	**3단원** 예레미야와 포로 생활	※ **절기 교재**
10. 야곱이 복을 가로챘어요 11. 하나님이 야곱에게 새 이름을 주셨어요 12. 요셉이 이집트로 팔려 갔어요 13. 요셉의 꿈이 이루어졌어요			11. 솔로몬이 산다는 것에 대해 생각했어요 12. 욥이 고난을 받았어요 13. 하나님을 찬양해요	10. 하나님이 예레미야를 부르셨어요 11. 예레미야가 새 언약을 예언했어요 12. 유다가 포로로 잡혀 갔어요 13. 에스겔이 미래의 소망에 대해 말했어요	**성탄절** 1. 왕을 기다려요 2. 천사가 마리아와 요셉에게 나타났어요 3. 예수님이 태어나셨어요 4. 동방박사들이 왕께 경배했어요 **부활절** 5. 예수님이 예루살렘에 들어가셨어요 6. 예수님이 부활하셨어요

※세부 내용은 사정에 따라 변경될 수 있습니다.

구약4 성경의 초점과 주제

1단원 **왕이신 하나님**

Q 우리의 왕은 누구인가요?

A 예수님이 우리의 영원한 왕이세요. 예수님은 온 세상을 다스리세요.

1. 하나님이 사울을 이스라엘의 첫 번째 왕으로 세우셨어요.
2. 하나님은 사울의 죄 때문에 그를 왕의 자리에서 쫓아내셨어요.
3. 하나님이 다윗에게 골리앗을 이길 힘을 주셨어요.
4. 하나님이 요나단을 통해 다윗의 목숨을 구하셨어요.
5. 하나님은 예수님이 다윗의 자손으로 오실 것이라고 약속하셨어요.
6. 다윗이 회개하자 하나님이 용서하셨어요.

2단원 **지혜의 하나님**

Q 지혜는 어디서 오나요?

A 지혜는 하나님께로부터, 하나님의 말씀을 통해서 와요.

7. 하나님이 솔로몬에게 하나님의 백성을 이끌 지혜를 주셨어요.
8. 지혜로운 사람은 하나님을 두려워하고 하나님의 말씀에 순종해요.
9. 하나님은 하나님의 백성 가운데 거하실 성전을 짓게 하셨어요.
10. 하나님이 솔로몬의 죄 때문에 이스라엘을 두 나라로 나누셨어요.

3단원 **주권자이신 하나님**

Q 우리는 왜 하나님을 믿고 의지할 수 있나요?

A 하나님은 모든 일을 하나님의 영광과 우리의 유익을 위해 하시기 때문이에요.

11. 살아가는 목적은 하나님 안에서만 찾을 수 있어요.
12. 욥은 하나님이 전능하시고 주권자이시며 선하시다는 것을 배웠어요.
13. 사람들은 하나님이 어떤 분이신지 찬양하는 노래를 불렀어요.